シリーズ「遺跡を学ぶ」108

北近畿の弥生王墓
大風呂南墳墓

肥後弘幸

新泉社

北近畿の弥生王墓

―大風呂南墳墓―

肥後弘幸

【目次】

編集委員
勅使河原彰（代表）
小野　昭
小野正敏
石川日出志
小澤　毅
佐々木憲一

装幀　新谷雅宣
本文図版　松澤利絵

第1章　蒼きガラスの腕輪

1　天橋立を見下ろす丘陵

一九九八年九月九日のことである。昼前だったろうか、京都府与謝《よさ》郡岩滝《いわたき》町（現・与謝野《よさの》町）教育委員会の白数真也さんから、わたしが勤める京都府教育庁文化財保護課のデスクに興奮気味の電話がかかってきた。

「木棺のほぼ中央部からガラスの腕輪みたいなものが出土しました。ちょうど阿蘇海《あそかい》のような蒼い色です」

あまりの興奮に何を答えたか覚えていない。出土したのは、京都府の北端、丹後半島の付け根にある大風呂南《おおぶろみなみ》一号墓という弥生時代後期の墳墓。日本三景の一つ、天橋立を見下ろす標高五九メートルの丘陵上に位置する（**図1・2**）。阿蘇海は、天橋立の巨大な砂嘴《さし》によって日本海の宮津《みやづ》湾から仕切られた内海の名前だ。

◀**図1 ● 大風呂南墳墓の位置**
弥生時代中期から後期に独自の文化を築く北近畿のなかで、大風呂南墳墓は一つの玄関口に位置する。所在地は京都府与謝郡与謝野町字岩滝小字大風呂。

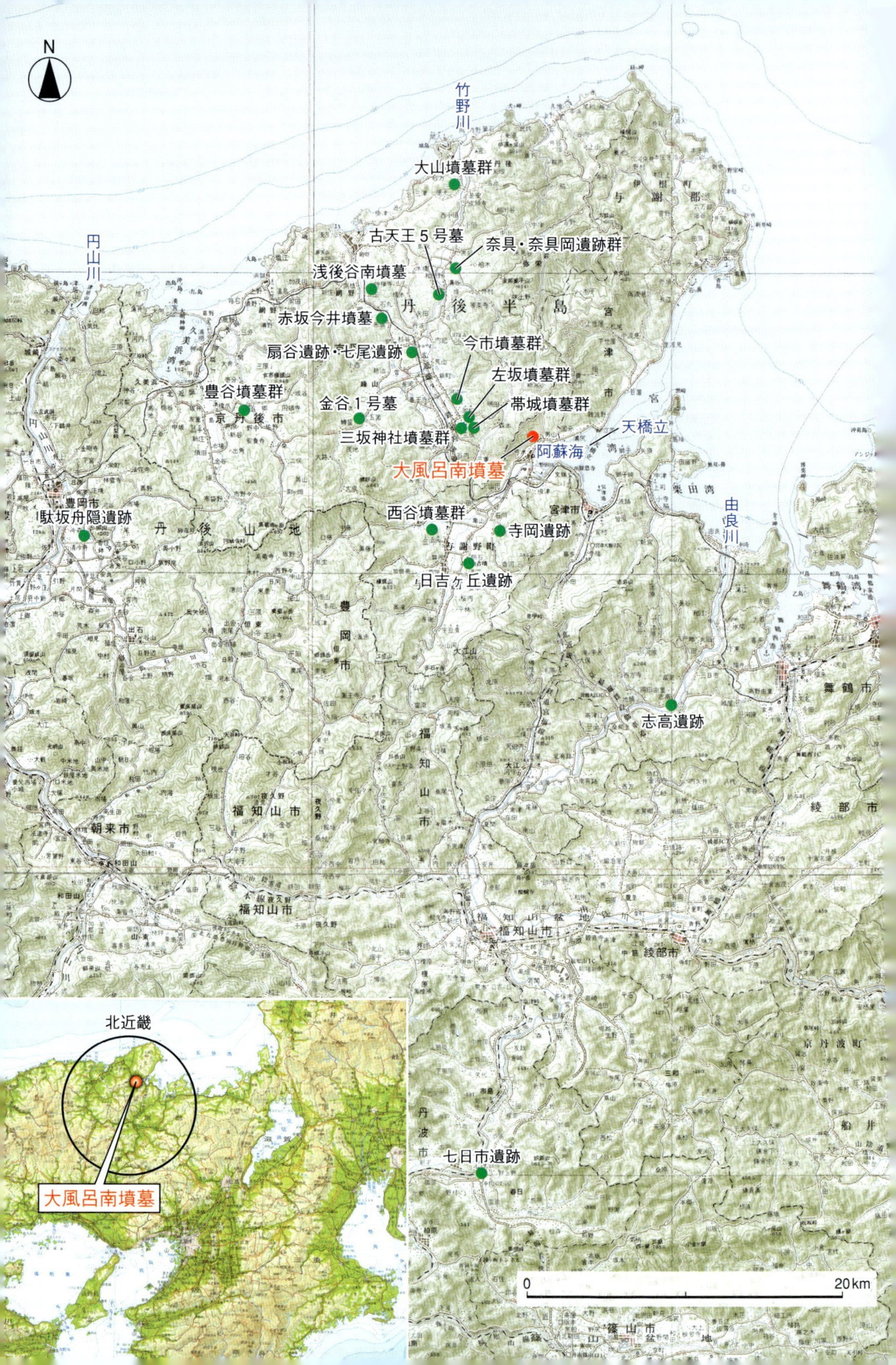
N
竹野川
円山川
大山墳墓群
古天王５号墓
奈具・奈具岡遺跡群
浅後谷南墳墓
赤坂今井墳墓
丹後半島
扇谷遺跡・七尾遺跡
今市墳墓群
左坂墳墓群
豊谷墳墓群
京丹後市
帯城墳墓群
金谷１号墓
三坂神社墳墓群
天橋立
阿蘇海
大風呂南墳墓
宮津湾
栗田湾
由良川
豊岡市
駄坂舟隠遺跡
丹後山地
西谷墳墓群
寺岡遺跡
宮津市
与謝野町
日吉ヶ丘遺跡
舞鶴湾
舞鶴市
志高遺跡
綾部市
朝来市
福知山市
福知山盆地
京丹波町
丹波市
七日市遺跡
0
20km
篠山市
北近畿
大風呂南墳墓

調査前は東西にのびる尾根を整形した幅一五メートル、長さ四〇メートルの植林地であった。それ以前は畑だったと思われる。今回の調査は、関西セルラー株式会社（現・KDDI）が丹後地域に携帯電話網を整備するためこの場所に電波塔を建設することになったことから、岩滝町教育委員会が実施したものであった（**図3**）。

畑の下からは、中世の山城にともなう遺構がみつかるものだと思っていた。というのも、南方五〇〇メートルの場所に丹後一色《いっしき》氏最後の居城、弓木《ゆみのき》城があり、かつて丘陵上方の標高七三メートルの平坦面で白磁片などが出土していたからだ。

ところが、七月一七日に調査を開始し、八月初旬になると、表土から約二〇センチ掘ったところで地山につきあたり、そこで長方形土坑《どこう》（埋葬施設）が五基みつかったのである。しかもそのうちの一つは非常に大きい。また、そこにいたるまでに、少量の弥生土器と一〇個足らずの円礫《えんれき》が出土

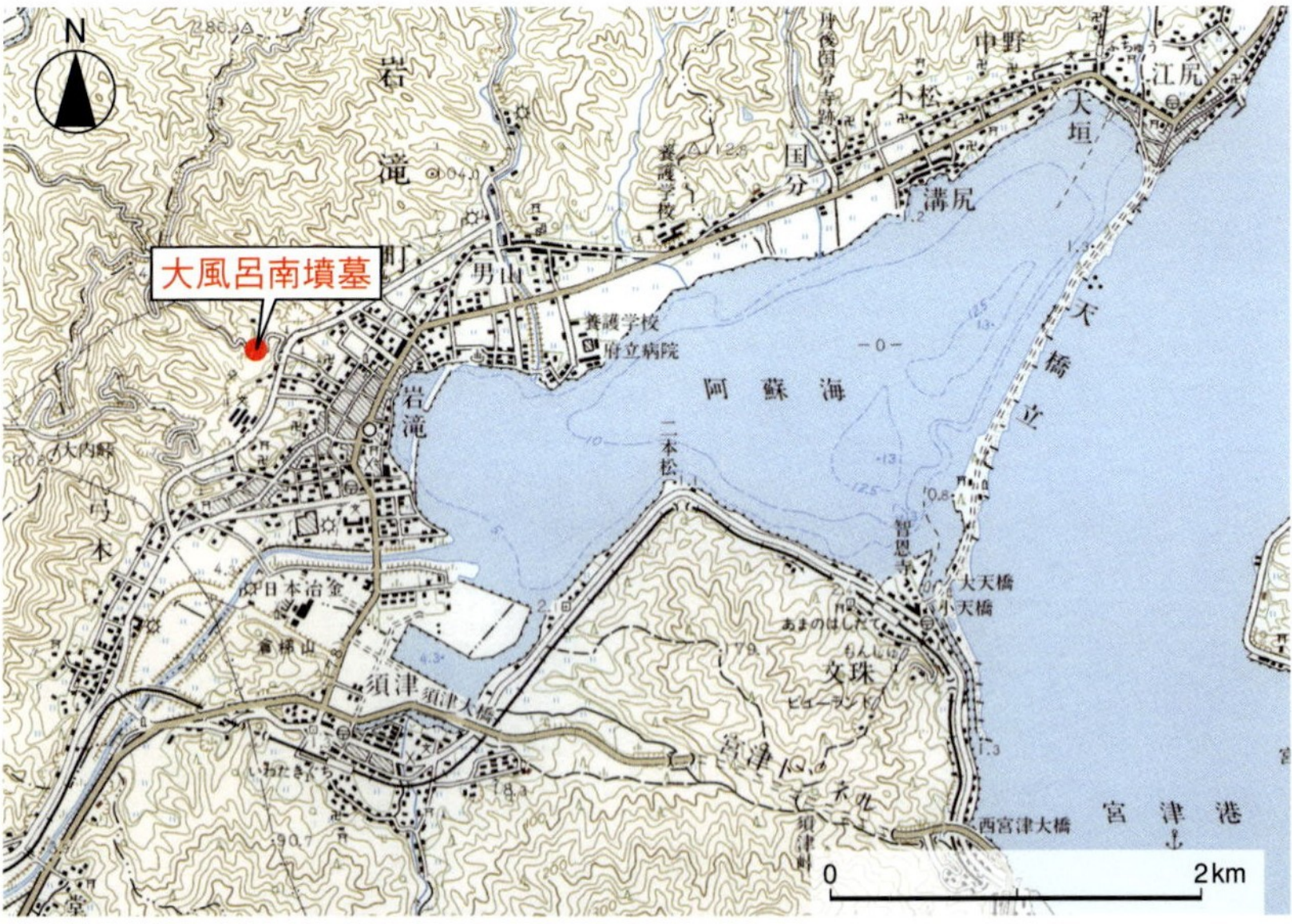

図2 ● 阿蘇海と大風呂南墳墓
日本海側には潟湖とよばれる天然の良港が古代にはたくさんあり、交易の拠点になっていた。阿蘇海も天橋立により穏やかな内海を形成している。

していた。

わたしは、丹後地域で弥生時代の墳墓の発掘調査を実施し、また調査の指導をしてきた。その経験から、八月七日にはじめて訪れた現地で、この巨大な墓壙《ぼこう》の輪郭をみて、弥生時代後期の墳墓にまちがいないと確信した。そして、しばらく調査に時間がかかること、墓壙の大きさからいって副葬品が多いことが予想されると助言したのである。その後わたしは、夏休みと休日を利用して足繁く現地に通うことになった。

2　ライトブルーのガラス釧

出土したガラスの腕輪を考古学ではガラス釧《くしろ》という（**図4**）。大きさは外径九・七センチ、内径五・八センチ、厚さ一・八センチで、重さは一六八・一グラム。腕輪としては太くて重く、割れやすいガラスという素材から実用品でなく宝器である。

図3 ● 大風呂南1号墓の調査
天橋立を左手前方にのぞむ丘陵上に、あたかも外洋から訪れる船を迎えるように王墓は眠っていた。

外側はほぼ正円だが、内側はやや不整形な円になっている（図5）。上下は平坦で、外側に明瞭な稜があり、内側は丸みを帯びていて、断面は五角形をしている。色調は淡いライトブルーで透明度が高い。よく観察すると、外側には円周方向に加工痕が、上下両面には不定方向の擦傷（使用痕）が、内側には縦方向の加工痕があり、ガラスの内面には環の形状に合わせた方向に伸びる気泡が肉眼で観察できる（図6）。

このガラス釧は、国内でいままでに出土した弥生時代の工芸品のなかでもっとも美しいものであろう。昭和を代表する小説家、松本清張に「内海の環」という作品がある。東京のZ大学に勤務する考古学者・江村宗三は、愛媛県松山の洋品店主の妻である西田美奈子と不倫関係になっていた。宗三は身ごもった美奈子を、スキャンダルで考古学界から葬ら

図4●大風呂南1号墓出土のガラス釧
光の量によって微妙に発色を変えるガラス釧。その美しさにはため息しか出ない。取り上げるまでは、地面の上で蒼い輝きを放っていた。

城関連の施設の可能性も考えられていたが、後述するように溝内埋葬を確認し、墳墓の区画施設であることが明らかになった。その結果、この溝を境に東側を一号墓、西側を二号墓とよぶことになった。

墳形を明らかにする遺構は、墳頂部平坦面の広がりと埋葬施設の配置および区画溝のみであり、一号墓は東西二七メートル、南北一七メートル、二号墓が東西一六メートル、南北一二～一四メートルに復原されている。

一号墓、二号墓から、それぞれ五基の埋葬施設がみつかった。二号墓は墳丘の北側を調査していないので、ほかにも埋葬施設があるかもしれない。

なお、調査途中で、南側の尾根にも階段状の地形がみつかり、八基の台状墓《だいじょうぼ》の存在が明らかになった（**図8**）。台状墓とは、平地に築かれ四辺に溝をもつ方形周溝墓《ほうけいしゅうこうぼ》に対して、丘陵上で地山を整形して築かれた弥生時代の墳墓のことである。丹後にはほかにも多数の台状墓が残っているが、道沿いで見学しやすい台状墓は少なく、大風呂南一号墓を見学に来ら

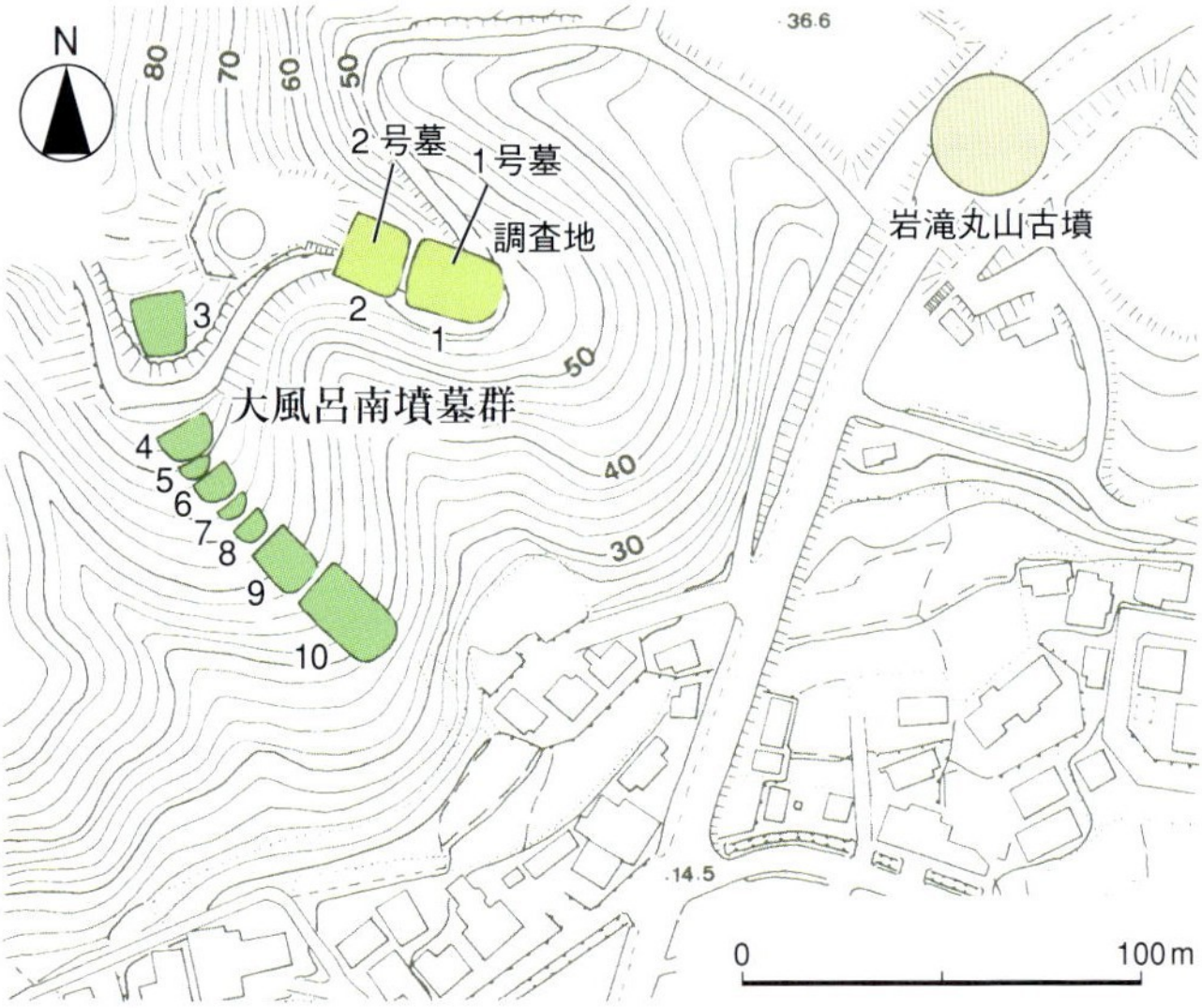

図8 ● 大風呂南墳墓群
墳墓群の東に位置する岩滝丸山古墳からは、素環頭大刀、神人車馬画像鏡、銅鏃が出土している。

れた折には、ぜひとも見学されることをお勧めする。

一号墓の巨大な墓穴を掘る

丹後半島の内陸部は花崗岩でできており、地表面に近いところは風化して軟化している。戦後の植林の前までは畑として利用していたと思われる表土を掘り下げていくと、二〇センチほどで地山の花崗岩にたどりつき、畑にする以前に花崗岩をうがった穴をみつけるにいたった。一号墓の表土下約二〇センチのところで地面を平滑にすると、長方形に土色が変化している大小五つの場所が出てきた。

この段階で墳墓の時期は明らかではなかったが、大小の墓壙が複数あることから、弥生時代後期の墳墓だと考えられた。しかし、当時、丹後の弥生時代後期墳墓で最大の埋葬施設は、後期初頭の三坂《みさか》神社三号墓の第一〇主体部で、長辺五・六九メートル、短辺四・二七メートルでしかない。明らかにそれを凌駕する規模の埋葬施設だ。否応なく調査成果への期待は高まった。

一号墓の埋葬施設のうち、切り合い関係にあるのは、第一主体部と第二主体部のみで、後者

図9●第1主体部の墓壙上面
墓壙の中央部には、木棺の腐食による陥没によって生じた腐植土と円礫の堆積がみえる。

が後から掘りこまれていた。また、第五主体部を除く四つの墓壙の中央部には、腐植土を多く含む茶褐色砂質土が堆積しており、木棺の腐植にともなう陥没部であることが想定できた。

丹後の弥生墓では、この陥没部分に墓壙上に供献《きょうけん》した高杯《たかつき》などの供献土器が落ち込んでいることが多いが、一号墓の埋葬施設から土器は出土せず、第一主体部で数個の円礫が出土したにすぎなかった（図9）。墓壙上で完形の土器をならべたりする供献儀礼はなかったのであろう。

第一主体部の墓壙は、検出面で長辺が七・三メートル、短辺が四・三メートルで、当時の北近畿の弥生墓の埋葬施設としては最大であった。この時期の北近畿の埋葬施設は、概して深く、その規模から相当深いことが予想されたが、最終的には検出面から棺底までの深さは人の丈をはるかに超える二・一メートルもあった。

墓壙の断面はきれいな逆台形をしている。墓壙の法面《のりめん》は一様に急傾斜だが、西隅部がほかの隅にくらべて傾斜が緩やかで、この斜面を利用して木棺を搬入したと考えることができる。墓壙内の埋め土は表土に近い腐植土層をとりのぞくと掘りやすい砂質土で、表土下一・五メートルを超えるまで、一片の遺物も出土しなかった。

図10 ● 第1主体部の破砕土器出土面
木棺の輪郭がうっすらとみえはじめる。中央左の土器片は棺に蓋をした後に割ってばらまかれたもの。

巨大なくり抜き式の舟底状木棺の検出

巨大な墓壙を掘り下げていくにつれ明らかになったのは、棺蓋が腐食したために上層の土層が下へと陥没した痕跡であった。

墓壙上面では腐植土とともに、数点の円礫が細長い範囲に落ち込んでいた状況を確認できたが、下層に掘り進むにつれ、少しずつ長さ・幅ともに大きくなっていった。墓壙検出面から約一・五メートル掘り下げた地点で、甕《かめ》の小破片が陥没坑の外側から出土し、甕の出土面が葬送儀礼にともなう一定の作業面であることが想定できた（図10）。

弥生時代後期の北近畿の弥生墳墓では、棺に被葬者を納めて蓋をした後、甕などを破砕して棺蓋および裏込《うらご》め上に配置する儀礼が知られている。これを「墓壙内破砕土器供献」とよんでいる。出土した甕の破片は、棺の裏込め上に置いたものと考えた。

この段階では、棺がくり抜き式の木棺（舟底状木棺）であろうことは判断できたが、その形状は不明

図11 ● 第1主体部の舟底状木棺の検出状況
両小口部分が円弧を描く舟底状木棺の輪郭がみえはじめている。木棺材の外面部分にも朱がみえる。

瞭だったため、さらに一〇センチ掘り下げたところ、舟底状木棺の特徴である小口がゆるやかに円弧を描く木棺の形状を確認した（図11）。

木棺の輪郭は幅五～一〇センチほどの帯状（内部は淡黄褐色砂粒土）で、その帯の外側に朱が部分的に確認できた。木棺の外面に赤色顔料（朱）を塗布したと考えられる。

木棺痕跡の全長は、長辺四・三メートル、短辺一・三メートルと、当時、弥生墳墓としては調査例のない巨大な木棺だ。棺底は緩やかな弧を描いており、中心部で深さ〇・三～〇・四メートルであった。

2　華やかな副葬品

予想をはるかに凌駕した多数の副葬品

この埋葬施設は、出土した甕により、弥生時代後期後葉のものであることがわかった。この時期の北近畿の墳墓は鉄製武器・工具類、首飾りなどの装身具を副葬することが多いことから、棺内には多数の副葬品がある可能性がますます高まった。

そこで遺構・遺物を壊さないようにして棺内をどのように掘り進めるかが課題となったが、木棺の平面的な形状はなんとか確認できたものの、この巨大な木棺がどのような構造かは不明であったので、苦渋の決断ではあったが、棺の上下左右を一部断ち割ることとした。そうすることによって棺の側面の構造を明らかにすることができたのに加え、横方法の断ち割りにより、朱の敷かれた棺底部と鉄製品の存在を知ることができた。

その後、棺内の埋土をていねいに除去して、最終的に棺の床面上で予想をはるかに凌駕した

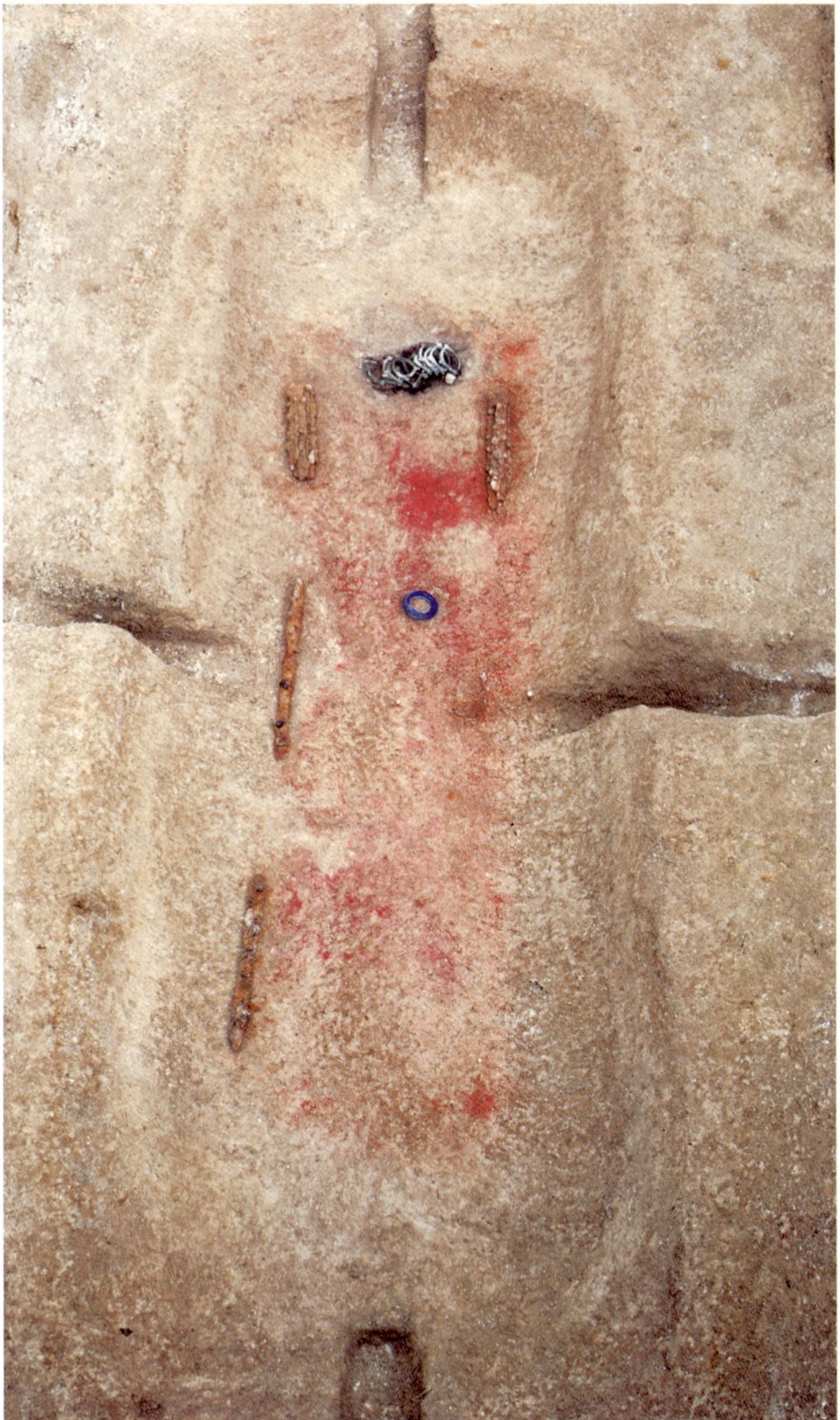

図12 ● 第1主体部の舟底状木棺の遺物出土状況
木棺痕跡の中央部、水銀朱のある長方形の範囲に副葬品が配置されている状況がみてとれる。

多数の副葬品を確認することができたのである（図12）。

副葬品のある長方形の範囲にのみ朱が存在することから、朱の範囲は長方形にくり抜かれた棺身部分と判断できる。棺内は、全長二・六メートル、幅は西側（頭部側）で〇・五メートル、東側（足元）で〇・四メートルである。なお、床面から浮いた状態で出土したのは、棺内に落ち込んだ破砕された甕のみである。

棺内の出土品はつぎのとおりである（図13）。

被葬者の頭部よりの棺小口側からは、銅釧が一三点、貝釧断片が一点出土した（図14）。貝釧は、銅釧一三点の上に重ねて一つ置いたものと考えられ、もっとも肉厚であった部分のみがかろうじて遺存していた。銅釧には部分的に布が付着していたことから、貝釧・銅釧ともに全点を布で巻いてあったと思われる。

頭部の右側からは、布巻きの短剣が五本、左側からは、布巻きの短剣が四本出土した。

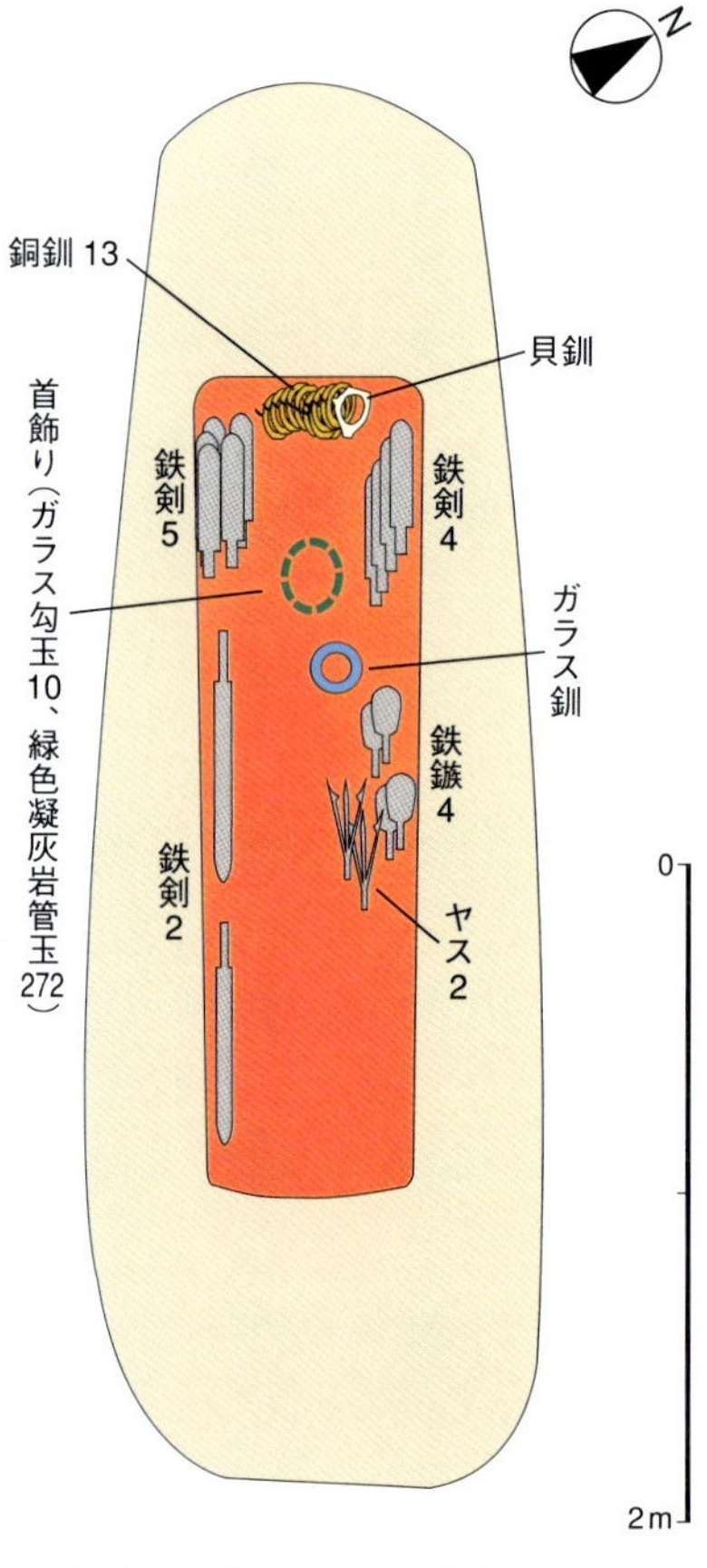

図13 ● 第1主体部の棺内遺物の配置図
巨木をくり抜いた棺内からは、前期古墳を思わせる多数の副葬品が出土した。棺外遺物は甕だけである。

これらの剣九本はいずれも柄《つか》も鞘《さや》もつけない状況で、切先を頭部上方（西側）にむけていた。

被葬者の首から胸元には厚く朱が堆積しており、朱のなかから緑色凝灰岩製の管玉《くだたま》が二七二点とガラス勾玉《まがたま》が一〇点出土した。

そして、胸元左側から、冒頭にのべたように、ガラス釧が斜めに傾いた状況で出土した。胸元に置いたものが被葬者の腐食でずり落ちたかもしくは左腕に装着していたものと考えられる。

右側面には、体に沿うように長剣が二本直列して置いてある。左腰付近からは、いずれも切先を頭側にむけた鉄鏃《てつぞく》が四点とヤスが二組出土した。

これら一号墓第一主体部の副葬品は、弥生墳墓としてはほかに類例をみないほど多彩で豊富なものである（図15）。弥生時代の墳墓で、武器や装身具などの威信具や奢侈品（贅沢品）を死者に供える（その行為を副葬という）例は、朝鮮半島に近い九州北部の弥生時代中期の墳墓から多くみられるようになる。弥生時代中期中葉の佐賀県吉野ヶ里遺跡の北墳丘墓には一四基の埋葬施設が営まれ、大型武器や装身具を副葬する埋葬施設が八基あった。

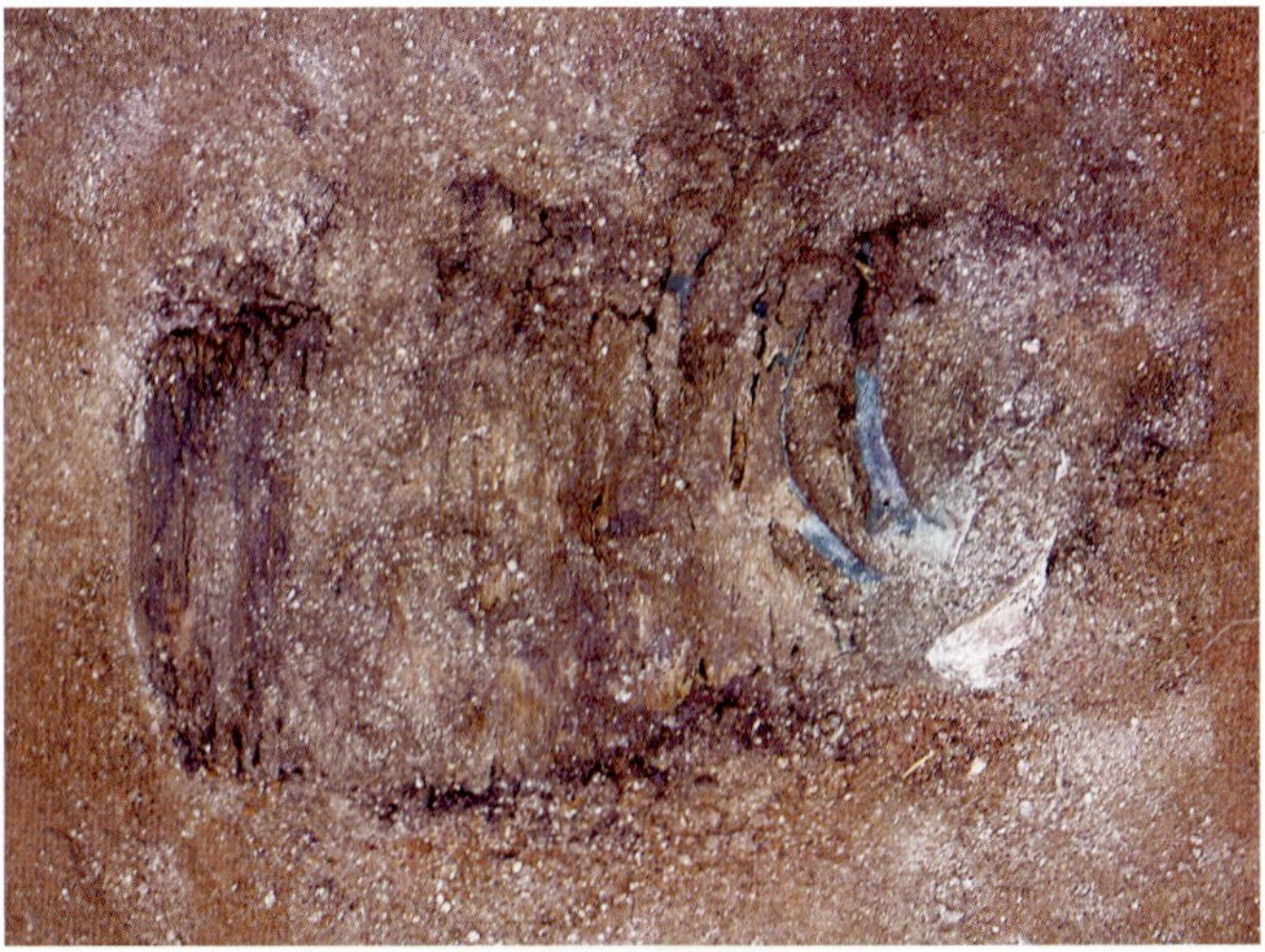

図14 ● 銅釧・貝釧の検出状況
銅釧の銅イオンの影響で、棺蓋部分が遺存していた。
この木質の下から銅釧13点が出土。

しかし、各々の埋葬施設の副葬品の量は少量で、王族の墓地という様相と言える。それが中期末になると、魏志倭人伝にある奴《な》国の領域の須玖岡本遺跡では、一つの甕棺墓《かめかんぼ》のなかから銅鏡二六面以上、銅矛《どうほこ》五本、銅剣四本、銅戈《どうか》一本、ガラス璧《へき》など多数の宝器をもつ王墓が誕生する。九州北部以外では、武器や装身具などを副葬する地域は、ほかに北近畿を除いてない状況にある。副葬品豊かな弥生王墓の存在が明らかになるのは、九州北部以外では北近畿のみなのである。

以下、一つひとつをくわしくみていこう。

バラエティに富み、規格性の低い鉄製武器類

前述のように、鉄製武器を多数副葬していることが、この墓の被葬者像を示す大きな特徴である。短剣九本、長剣二本と鉄鏃四点である。後述する漁具も含めて鉄製品の整理にあたっては、大阪大学大学院生（当時）の高田健一氏に協力いただいた。

図15 ● 第１主体部遺物出土状況（西から）
遺物出土状況のもっともよくわかる写真。胸元の玉類や鉄製品はまだ朱のなかに埋まっている。

頭部の左右にあった九本の鉄剣は、それぞれ五本（図16①〜⑤）、四本（同⑥〜⑨）の剣身を一枚の布でくるんでいたものである。剣は、剣身長二八・二〜三五・五センチの短剣である。いずれも装具（鞘）のない抜き身の状態で、3を除く八本には目釘《めくぎ》穴以外に関部《まち》の上に二つの穴（刃関双孔《はまちそうこう》）がある。茎《なかご》の大きさはおおむねそろっているものの、短いもの（同⑨）、長いもの（同⑧）があり、個別にみるとバラエティに富み、規格性は低い。

被葬者の右手から右足にかけての位置に長剣が二本ある。右手に添えていたもの（同⑩）は、剣身長五三・六センチ、茎長五・四センチである。鎬《しのぎ》が明瞭で、厚さは〇・八センチ。薄くて鎬がない短剣との差が著しい。木製の鞘と柄が

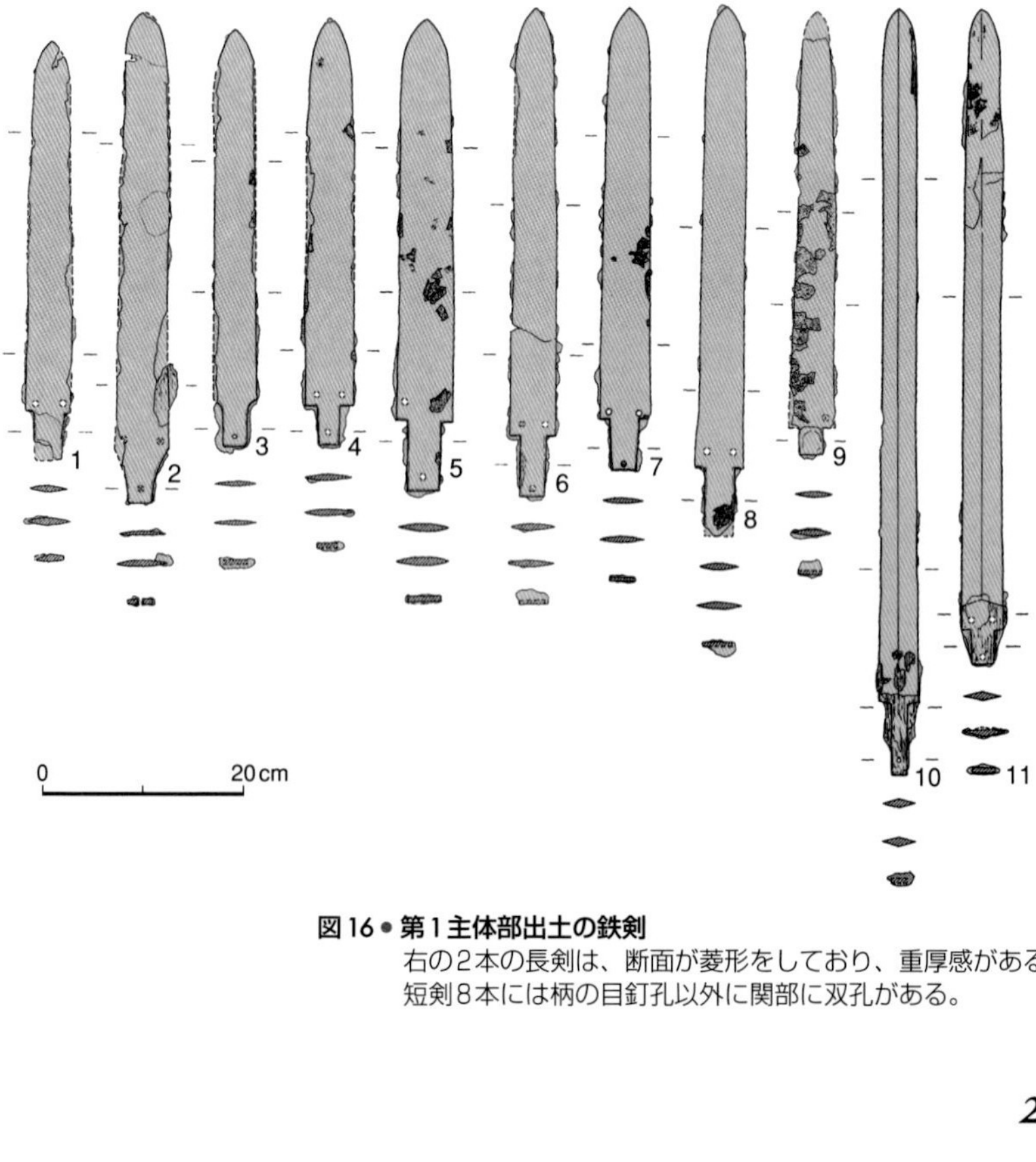

図16 ● 第1主体部出土の鉄剣
右の2本の長剣は、断面が菱形をしており、重厚感がある。
短剣8本には柄の目釘孔以外に関部に双孔がある。

ついていたようだ。右足元の長剣（**同⑪**）は、剣身長四七・六センチ、茎長二・六センチ。刃関双孔があるものの目釘孔内に木質は観察できず、使われていない。木製の柄を装着するものの、剣身部は布巻きである。

被葬者の左腰部付近から、いずれも切先を頭部にむけて二本一組で出土した鉄鏃四本は、残念ながら、形状をとどめて現存するのは一点のみである（**図17左**）。鏃身長三・〇センチ、茎長二・五センチで、鏃身は菱形で関をもたない。ほかの三点の内一点は同形のもので、一点は鏃身が柳葉形をしている。

規格性が低く剣身の薄い短剣は北近畿の副葬鉄剣の特徴であるが、刃関双孔の剣はむしろ北陸・東海から関東に多く分布するものである。

きわめて珍しい漁撈具の副葬

三本の逆刺《かえり》をもつ頭三つで構成された組み合わせ式のヤスが二組ある（**図17に一部を掲載**）。基部は直径一センチほどの棒状の柄部と三本の頭を糸巻きと黒漆で

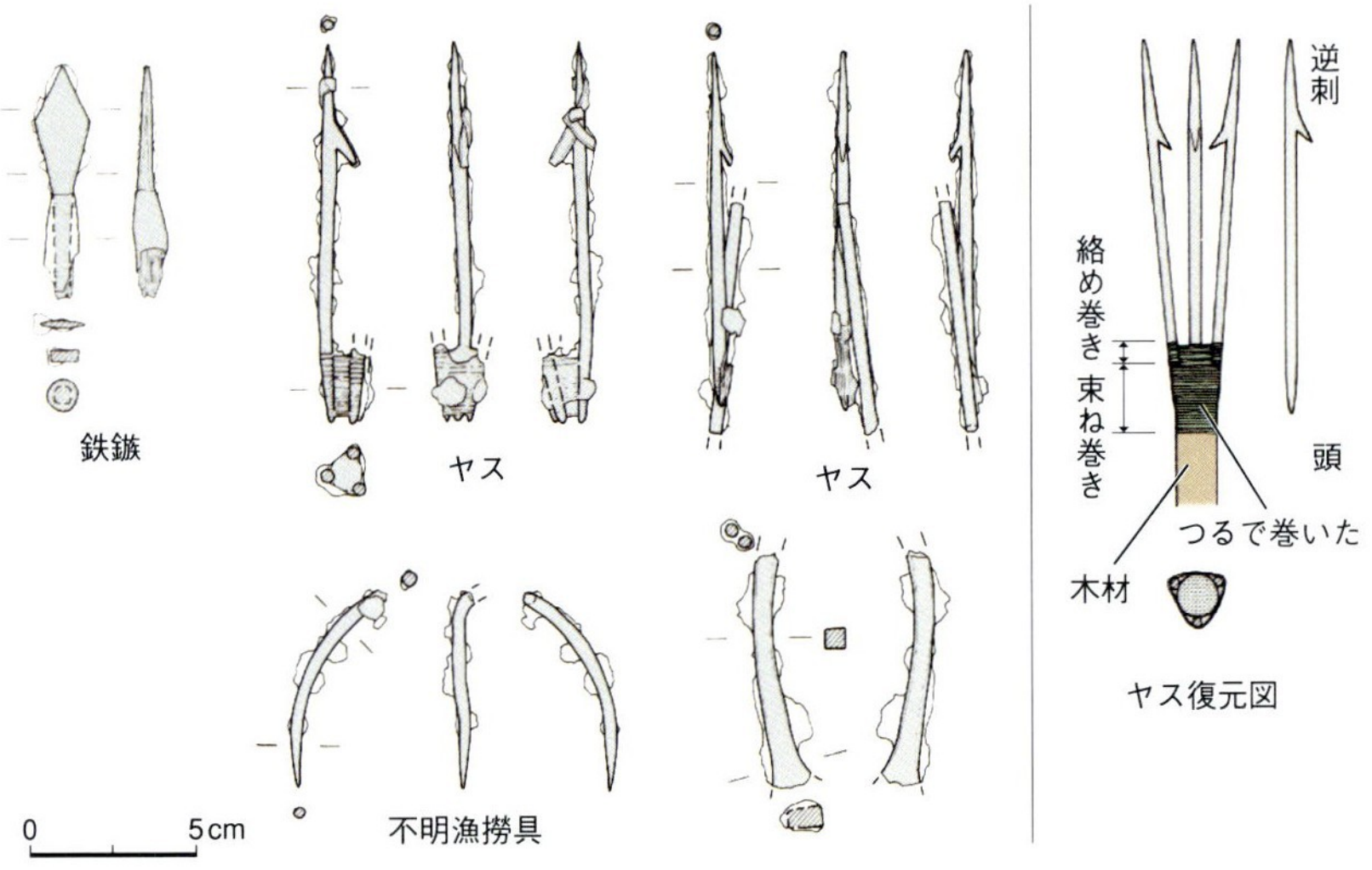

図17 ● 第１主体部出土の鉄鏃、漁撈具
右端にヤスの復元図を示した（高田健一氏作成）。
下段の２つは用途不明である。

固定している。全長八・八センチほどである。これらの頭以外に鉤《かぎ》状の鉄製品が二点あり、これらも漁撈具と考えられる。

　弥生時代の漁撈具の副葬は、九州北部で釣針の出土例があるのみできわめて珍しい。古墳時代になると、ヤスは、京都府木津川市の椿井大塚山《つばいおおつかやま》古墳や滋賀県近江市の雪野山《ゆきのやま》古墳など前期古墳において多量の鉄製武器類とともに出土しており、威信具の一つと理解されている。海を抱える丹後地域においてヤスなどの大型の漁具の副葬は、海上交通の発達していたことの証しになろう。

腕輪（貝釧・銅釧・ガラス釧）

貝釧・銅釧・ガラス釧の三種類の腕輪（釧）が出土した。貝釧は、一点が部分的に銅釧に接して遺存していたのみだが、形状からゴホウラ製の貝輪（おそらく立岩《たていわ》型）の可能性があると熊本大学の木下尚子氏から御教示いただいた。ゴホウラ製の貝輪の出土地としては最北端である。

　九州北部で、弥生時代中期から後期にかけて、ゴホウラの貝輪が甕棺内から着装状態で出土

図18● 銅釧・貝釧の出土状況
木棺材を除去すると端正な形の銅釧13点が重なって出土。貝釧は残念ながら断片のみであった。

する例が多く知られている。いずれも被葬者は男性である。

銅釧は被葬者の頭部上から一三点が並んだ状態で出土した（図18）。全長は、一一・三〜一一・七センチで、いずれも同形同大の、レモン形の環部に上下と右側に突起をもつ有鉤《ゆうこう》銅釧である。横突起の先端が、切り落としたような面をもつのが特徴である（図19）。

有鉤銅釧は、弥生時代中期に九州北部で盛行したゴホウラを用いた立岩型貝輪を模倣して成立し、九州北部から弥生時代後期には東海・北陸まで分布の広がるものである。出土したものは、そのなかでも新しい形状のもので、同形の銅釧は名古屋市の三王山《さんのうやま》遺跡出土のものがあるにす

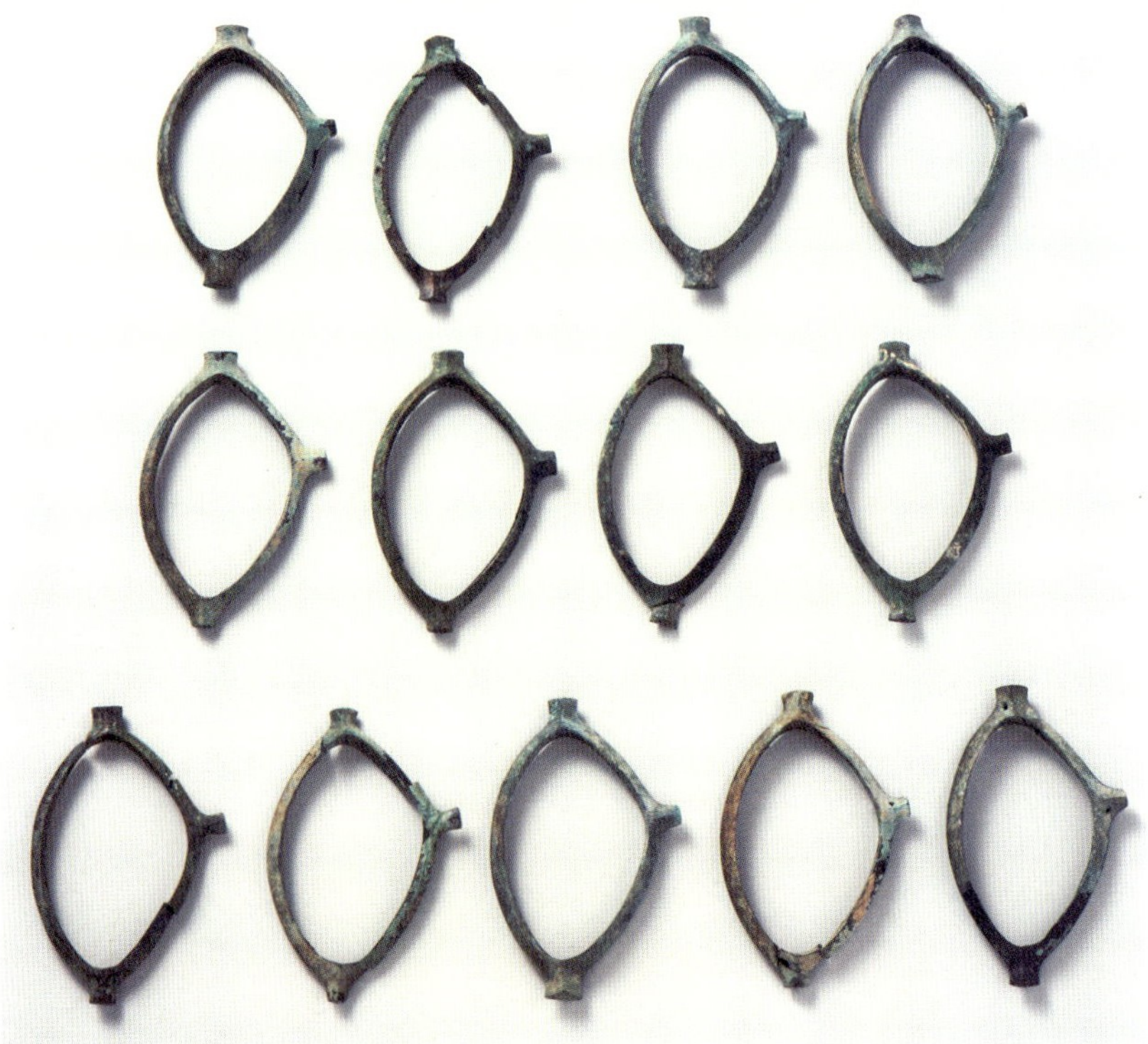

図19 ● 同形同大の13点の銅釧
内面に鋳バリが残っており、着装には適さない。

ぎない。有鉤銅釧の多量出土例としては、一一点が出土した福井県鯖江《さばえ》市の西山遺跡があり、これも弥生時代後期の墳墓に副葬されていた可能性が指摘されている。

近畿でのゴホウラ製貝輪や有鉤銅釧の出土は少なく、兵庫県神戸市の夢野《ゆめの》遺跡で壺のなかから多数のゴホウラ製貝輪が出土した例のみである。銅釧としては、尼崎市田能《たの》遺跡の方形周溝墓に副葬されていたゴホウラ貝を模した鉤のない銅釧の例が知られている。

なお、本例の環部の断面は三角形を基本とするが、上下の鋳型のずれによって段差をもつものがある。また、多くの釧の内面の鋳型結合部にできた鋳バリは粗く削る程度でほぼ鋳放しの状態であり、着装には耐えられない可能性がある。日常的な装身具ではなく、儀式などにおいてのみ使われていたことが予想される。

東南アジアからやって来たガラス釧

ガラス釧のことは前章で紹介した。なお、ガラス釧の床に接した部分には朱が付着していた（図6参照）。左胸元に置かれていたか、左腕に装着されていたのではないかと判断できる。

弥生時代のガラス釧が出土した国内の四遺跡は、いずれも弥生時代後期後葉前後に位置づけることができる。大風呂南一号墓以外の三例は、松本清張もとりあげた京都府中郡大宮町（現・京丹後市）の比丘尼屋敷《びくにやしき》墳墓出土とされる弥生時代終末期のもののほかに、福岡県糸島市の二塚《ふたづか》遺跡出土のもの（二点）、そして一九九八年に調査された島根県出雲市の西谷二号墓出土のもの（三点以上）である。

西谷二号墓のもの（**図20**）は緑色をしていて、風化の進む二塚遺跡、比丘尼屋敷墳墓のものは断面に緑色を残している。小寺智津子氏や平野裕子氏の研究によると、同様の成分で制作された釧の出土例はなく、西谷二号墓例と二塚遺跡例はバリウムを含まない鉛ガラス製である。西谷例の形状はベトナム南部から南アジアに存在するという。

一方、大風呂南墳墓出土の青色のガラス釧は唯一風化が進んでなく、鉄イオンで発色させたライトブルーをたたえている。カリガラス製である。同様の成分、形状のものは中国南部とベトナム北部の漢代の遺跡からの出土例があるという。

弥生時代後期後半の墳墓に副葬されたこれら四つのガラス釧は、将来地は異なるかもしれないが、当時、日本海に面した九州北部、出雲、丹後（北近畿）の各地の王が、色鮮やかなガラスの腕輪を東南アジアに求めた証しであろう。

色とりどりの宝石

被葬者の胸元から朱に埋まった状態で出土したガラス勾玉と管玉は、首飾りを構成していたと思われる。ガラス勾玉は一〇点で、いずれも風化が著しく、原形をとどめるのは**図21**の六点のみである。**図21**左端のも

図20 ● 西谷２号墓出土のガラス釧
西谷２号墓墳頂部の攪乱土から出土したエメラルドグリーンをしたガラス釧３点のうちの一つ。

っとも残りの良いもので全長一七・六ミリである。いずれも厚さは三〜四ミリで、断面径はやや丸みを帯びた扁平となっている。材質はわずかに緑色を残す鉛バリウムガラスで、着色成分としては銅が検出されており、弥生時代後期後半の丹後半島部に多く流通したガラス勾玉である。本来の色は濃い緑色で、青いガラス釧、淡い緑の管玉とともに色とりどりの宝石の一つであった。

管玉は二七二点出土した。集中して出土したものと、広範囲にばらまかれた状態で出土したものがある。これらを紐でつなぐと、二五六センチとなった（図22）。石材は良質の緑色凝灰岩で、碧玉《へきぎょく》とみまがうほど色調鮮やかなものがある。全長は五〜一九ミリで、おおむね一〇ミリ前後のものが多い。太さは直径二・五ミリの細身のものと三・五ミリの太身のものがある。

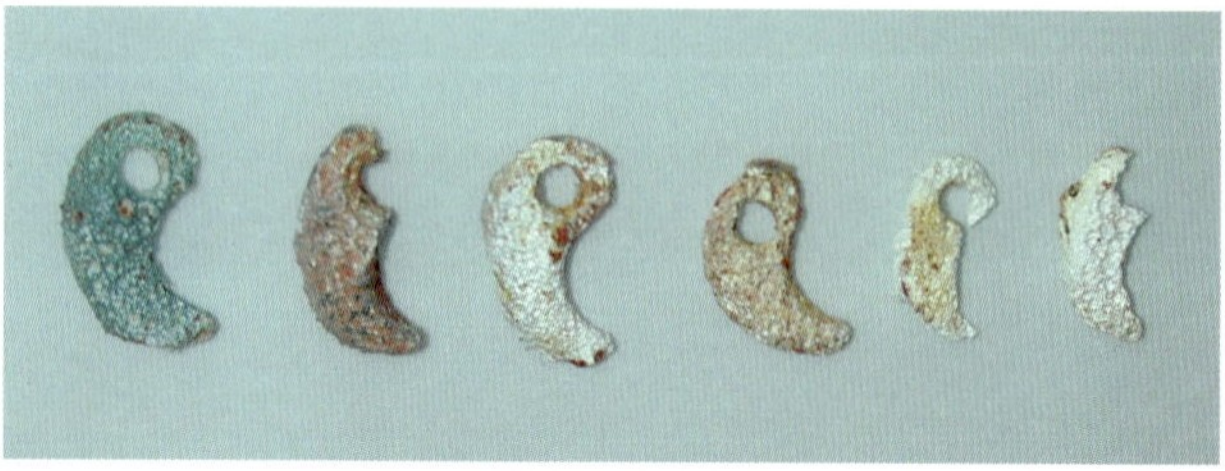

図21 ● 1号墓第1主体部出土のガラス勾玉
10点出土したが、形状をとどめたのは6点のみだった。わずかに緑色を残す鉛バリウム製。

図22 ● 1号墓第1主体部出土の管玉細部
10㎜前後を中心に長短のある管玉。碧玉に近い鮮やかな発色をするものも含まれる。

墓壙内破砕土器供献

墓壙内から出土した土器は甕一個体（図23①）である。口径一五・八センチ、器高一六・五センチで、口縁部は複合口縁で、直立する外面に北近畿に特徴的な四条の明瞭な擬凹線文を施してある。木棺の側面から、棺内の埋土にかけて出土した。復元するとほぼ三分の二個体分であることがわかった。

外面には煤が付着しており、葬送儀礼で炊飯具として使用した後に、墓壙の外で一度割り、その大半は棺蓋を閉めた後に、その上にばらまいたものである。先にもふれた「墓壙内破砕土器供献」である。北近畿で弥生墳墓の木棺墓に共通の土器供献儀礼にともなうもので、すべての破片がそろわないのが特徴的である。一部を葬儀の場から持ち帰ったと考えられる。

ちなみに一号墓では、第三主体部でコーヒーカップ形土器（図23②）が、第四主体部で甕（図23③）が、そして区画溝内の埋葬施設で甕（図23④）が、それぞれ墓壙内破砕土器供献されていた。なお、第二主体部の墓壙上面から高杯の砕片が出土したが、墓壙内からは甕の小破片が出土したのみである。墓壙上半が調査以前に削りとられていたこともあり、墓壙内破砕土器供献が実施され

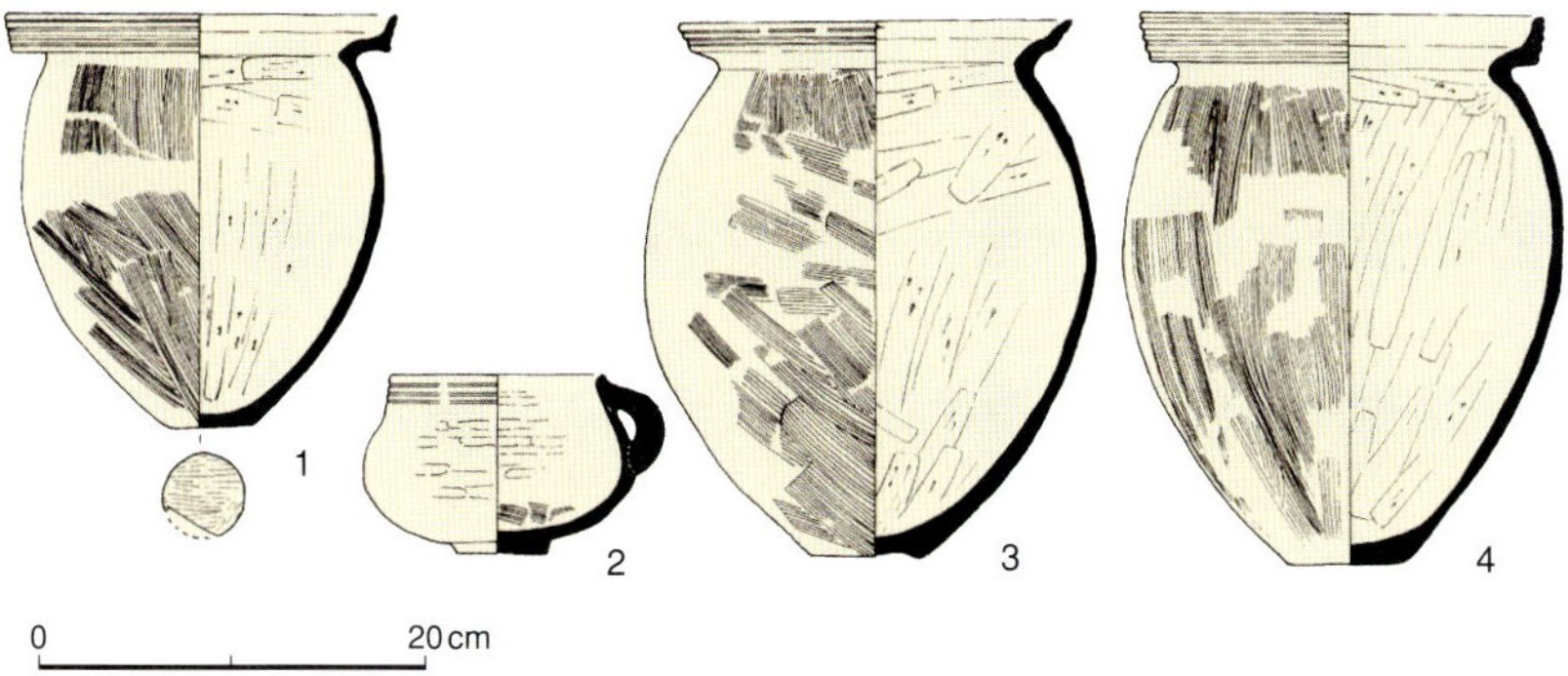

図23●1号墓出土の弥生土器
日本海側の弥生時代後期の甕は、口縁部を拡張し
直線文様（擬凹線文）で飾るのが一般的である。

たかどうかは不明である。土壙墓である第五主体部からは、土器は出土していない。

時代とともに器形や文様、大きさが変化する土器の観察から、一号墓では、第一埋葬施設が第四埋葬施設および溝内埋葬施設に先行して営まれたものであり、その時期は後期後葉（二世紀中ごろ～後半）であることが確認できた。

以上のように、一号墓第一主体部の多種・多様で大量の副葬品は、弥生時代の墳墓としては九州北部を除いて例をみないものであることから、そこに眠る被葬者は、海上交通を経て海外との交易を担った北近畿の「王」の姿が彷彿される。また、その副葬品の内容は、魏志倭人伝に「世々王有るも」と記された伊都国《いと》（福岡県糸島市《いとしま》周辺）などでみつかっている「王墓」の副葬品とくらべても遜色のないものである。

3 被葬者をさぐる

一号墓の被葬者をさぐる

以上、第一主体部についてくわしくみてきたが、ほかの墓についてもみておこう。

一号墓からは、第一主体部のほかに、四つの埋葬施設がみつかった。**図24**は、二号墓とのあいだの大きな区画溝と、丘陵先端部の形状から復元した墳丘を図示したものである。

第二主体部は、第一主体部を意図的に一部壊して営まれた埋葬施設で、墓壙の三分の一ほどを道路の開削により失っている。舟底状木棺が納めてあり、頭部左側に鉄剣一本が、頭上側に鑿《のみ》が、右腰部から鉄剣が出土した。左腰部分からは鉄鏃二点が出土している。

第三主体部は、二号墓寄りの埋葬施設で、全長二・九メートルの大型の舟底状木棺内から、鉄剣とやりがんなが、被葬者の左腰部付近で出土した。棺の中央部には赤色顔料とばらまかれた管玉三一点が出土している。棺内に落ち込むかたちで墓壙内破砕土器供献したコーヒーカップ形土器が出土している。

第四主体部は、第三主体部を一部壊してつくった埋葬施設で、全長一・七メートルの舟底状木棺内から管玉五三点が散乱して出土した。第五主体部は、小児を埋葬した土壙墓と考えられ、遺物は出土していない。

第二主体部の鑿は北近畿の弥生墳墓の副葬品としてほかに例をみない特殊な工具である。複数の鉄剣に加えて鉄鏃をもつことから、この墓は男性的である。左腰部に鉄剣とやりがんなをもつ第三主体部の被葬者は装身具をもつことから男女どちらか不明であり、第四主体部は装身具のみであることから女性であろ

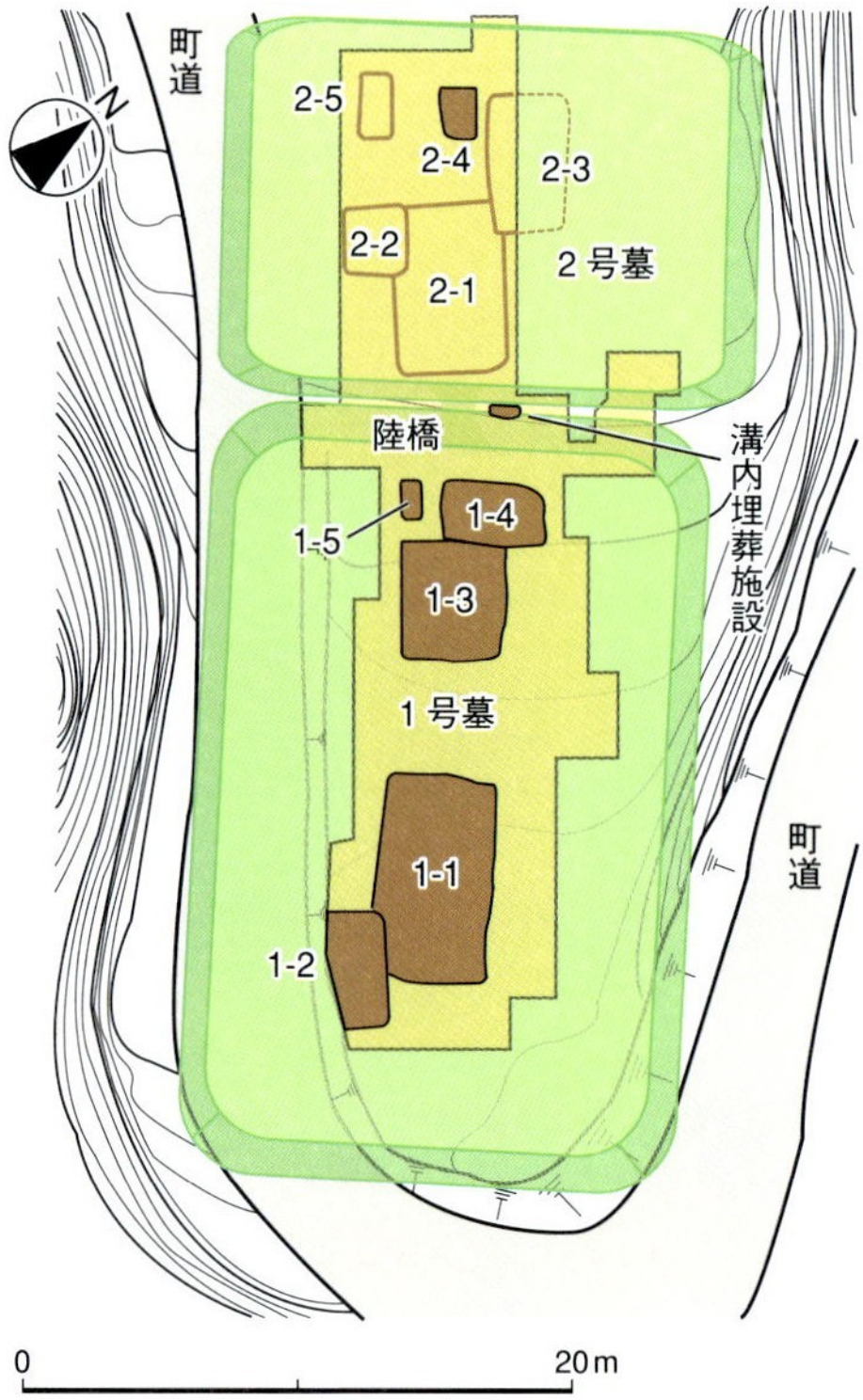

図24 ● 墳丘規模復元図と埋葬施設の配置
1・2号墓は、同一平坦面を溝で区画してつくられている。埋葬施設の直線的な配置が特徴的。

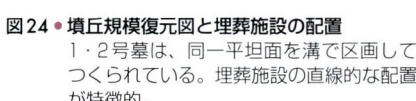

う。第三主体部を仮に女性とすると、一号墓の被葬者は、男性王と王に近い男性と女性二名、子ども一名ということになろう。

地域間交流を明らかにした二号墓

高低差の少ない一号墓と二号墓のあいだに、尾根を分断するかのように大規模な溝があったことはすでにふれた。区画溝と二号墓の調査は、電波塔建設後の二〇〇〇年の夏に実施した。

区画溝は、検出した範囲で一四・五メートル、幅は二・五〜三メートル、深さは〇・七〜一・五メートルである（**図25**）。一号墓と二号墓が接する中央部を土橋状に掘り残している。二号墓第一主体部の隅部をかじるように掘削されたこの大溝は、埋葬施設設置後に、一号墓と二号墓を区画するために設置されたと考えるのが妥当であろう。溝内土橋部北側の底には溝内埋葬施設が存在していたようで、墓壙の掘り込みとともに破砕供献された甕が出土している。

一号墓と二号墓の埋葬施設の配置をみると、一号墓の第一主体部、第三主体部、二号墓の第一主体部の三基の大きな埋葬施設がほぼ等間隔に一直線上に並んでいることがわかる。北近畿

図25 • 区画溝
城館の堀切を想像させるような深い溝。溝底部から破砕土器供献をともなう小児埋葬を検出。

の墳墓でこのような縦列配置は珍しい。

二号墓でみつかった埋葬施設も五基である。第一主体部は、平面規模で長辺五・九メートル、短辺三・八メートルあり、検出面で木棺の腐食にともなう陥没穴内から多くの破砕された土器と円礫が出土した（図26）。破砕土器のなかには、小破片ながら山陰的な小壺、東海的な胴部の加飾の著しい壺、北陸的な高杯脚部などが含まれており、大風呂南墳墓の被葬者の地域間交流を明らかにする資料となった。また、一号墓の調査でも、表土内から出土した円礫と墓壙上にわずかに残っていた円礫には注目していたが（図9）、本来の位置がわからなかった。それがこの調査で、本来墓壙上には円礫と破砕した土器を供献していたことが明らかになった。

図27は、二号墓表土掘削中に出土した円礫である。山陰の王墓や吉備の王墓と共通する円礫の出土状況は、当時の北近畿の調査ではじめてであったが、後述するように、二年後に調査された京丹後市の赤坂今井墳墓でより明らかになる。

なお、二号墓は大風呂南墳墓の性格を明らかにするための確認調査だったので、一基を除いて埋葬施設の棺内調査を実施していない。

図26 • 2号墓第1主体部墓壙の検出状況
1号墓にくらべ墳頂部の遺存状況がよく、墓壙上の陥没土がよく残っていた。

図27 • 2号墓表土内から出土した円礫
拳大の円礫はやや扁平気味なものが多い。いずれも花崗岩からなる河原石である。

第3章　王墓への道——弥生中期

1　丘陵上の墳墓

弥生時代には、米づくりという共同作業の開始にともない複数の世帯からなるムラが誕生し、やがて地域の連帯のもとクニへと発展する。そして弥生時代の終わりをへて、ヤマト王権として巨大な前方後円墳に表象される初期国家が誕生する。その過程は、クニごとにさまざまであった。北九州ではじまった稲作農耕文化は、日本海と瀬戸内の二つのルートを経由して、若狭湾と濃尾平野のあたりまで早い段階に面的に広がるとされている。北近畿には、日本海ルートと、瀬戸内海→加古川《かこ》→由良川《ゆら》・円山川《まるやま》ルートの二つのルートで到達したようだ。

本章では、大風呂南墳墓の時代（弥生時代後期）には一つのクニに発展している北近畿が、それ以前の弥生時代中期に、畿内地域や山陰地域に寄り添いながら、どのように独自に発展していったかを墓制からみていこう（**図1参照**）。

北近畿の最初の墳墓

まず、近畿地方でもっとも古い弥生時代の墳墓としては、前期後半（一部、前期前半か）とされる兵庫県尼崎市の東武庫《ひがしむこ》遺跡の方形周溝墓群が知られている。一辺五メートルほどの小さなものから一辺一五メートルほどの大きなものまで、大小二二基の方形周溝墓があり、墳丘上の埋葬施設は一基のものが多いが複数のものもある。集落の立地する微高地から後背湿地に差しかかる、その縁辺部に位置する。

北近畿でも、やや遅れるが、弥生時代前期の墳墓として、京丹後市の七尾《ななお》遺跡と豊岡市の駄《だ》坂舟隠《さかふなかくし》遺跡が知られている。近畿中央部の弥生前期の墓は平地に築くのに対して、この地域では丘陵上でみつかることが特徴的である。七尾遺跡は、前期末から中期前葉の高地性集落である扇谷《おおぎだに》遺跡と谷をはさんだ隣の丘陵上からみつかった、前葉末の二基の台状墓からなる。いずれも一辺一〇メートル前後の規模で、複数の埋葬施設が営まれていたと報告されている。

山上の方形周溝墓・駄坂舟隠遺跡

兵庫県北部を北上して日本海に注ぐ一級河川、円山川の右岸、河口から約二〇キロの豊岡盆地東部に、標高三五メートルほどの丘陵上に営まれた方形周溝墓群がある。駄坂舟隠遺跡である（図28）。眼下の平野部には、弥生時代前期末から中期にかけての駄坂川原《ださかかわはら》遺跡がある。

方形周溝墓は後世に古墳および山城の造成により大きく改変されていたが、八基が復原されている。墳丘が完存していたものがないため詳細は不明だが、本来は一辺七、八メートル規模の方形周溝墓が一〇〜二〇基群在していたと想定されている。

墳丘内の埋葬施設は一ないし二基で、四号墓では溝内埋葬施設もみつかっている。一三号墓の埋葬施設では、この時期の墳墓としては非常に珍しいことだが、木棺の北小口近くから一二五点の管玉が出土している。副葬品の首飾りだったと考えられる。

また、一三号墓埋葬施設、四号墓埋葬施設、一四号墓埋葬施設からそれぞれ一点、九号墳下層の埋葬施設からは八点、石鏃が出土している。被葬者の人体に刺さっていたのであろうか、石鏃の多くが先端などを欠いている。墳墓群の時期は、溝内から出土した土器から前期末から中期初頭に位置づけられる。

戦士の墓・豊谷墳墓群

京丹後市久美浜町《くみはまちょう》の佐濃谷《さのたに》川を見下ろす比高四〇メートルの丘陵上には、中期前葉の豊谷《とよだに》墳墓群がある（**図29**）。日本海までは一〇キロの内陸部で、先

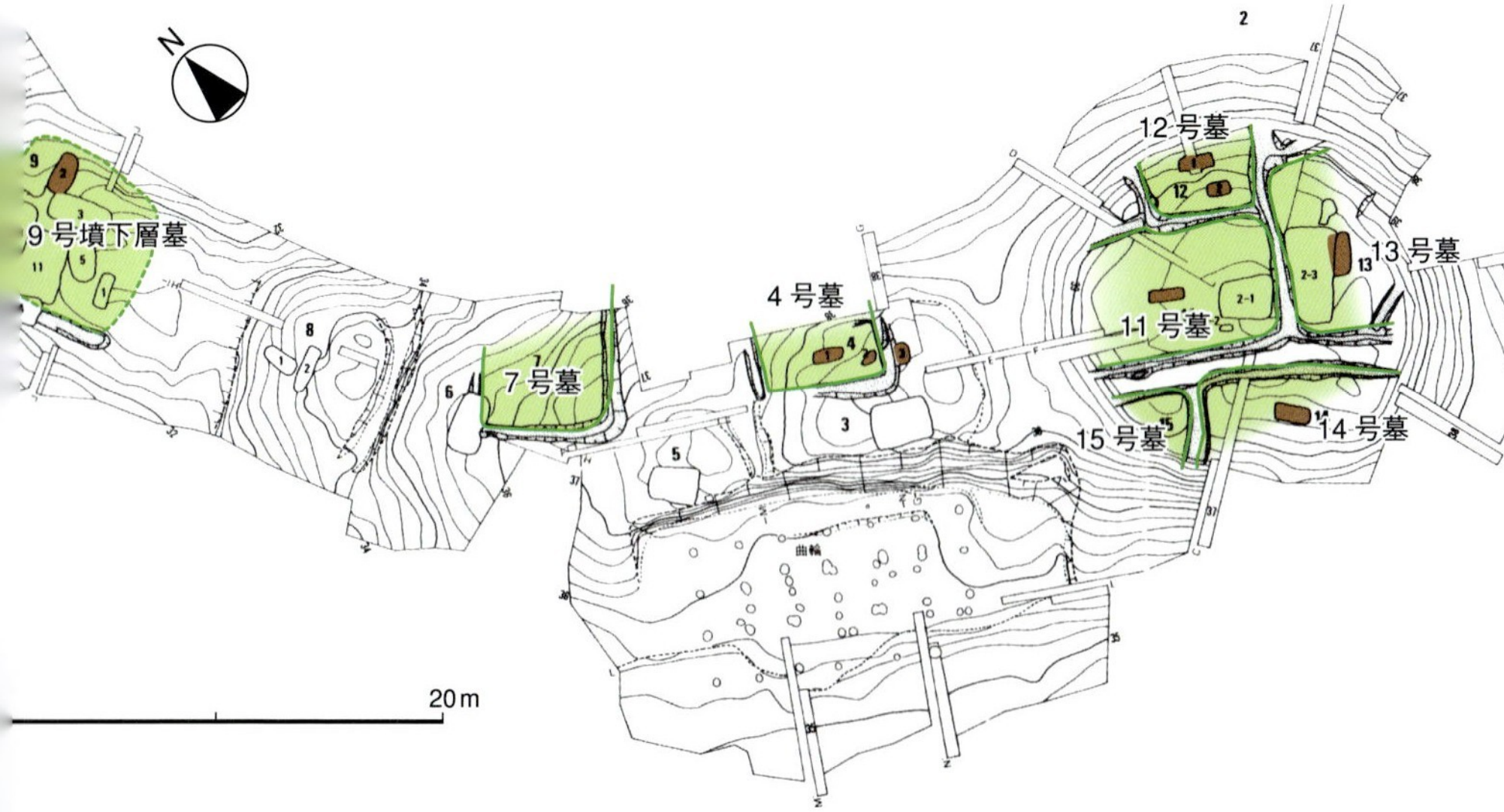

図28 ● 豊岡市駄坂舟隠遺跡の方形周溝墓
丘陵上には、7〜8m規模の方形周溝墓群が展開していた。複数の埋葬施設をもつものがある。

述の京丹後市の扇谷遺跡と豊岡市の駄坂川原遺跡を結ぶ三三キロのちょうど中間に位置している。

ここからは一辺七メートル規模の台状墓が二基みつかっている。不明な点が多いが、いずれも単葬墓と考えられる。

そして一号墓の埋葬施設の墓壙底からは、先端を欠いた石鏃などが二二点出土した（図30）。二二点のうち、駄坂舟隠遺跡同様五点が先端部を欠き、一点は先端部のみである。また一点は二つに折れてやや離れた場所にあった。その出土状況から、人体に突き刺さり先端部が欠けたか、もしくは先端部のみが体内に残されたものと考えられる。多くの矢を受けて倒れた戦士で

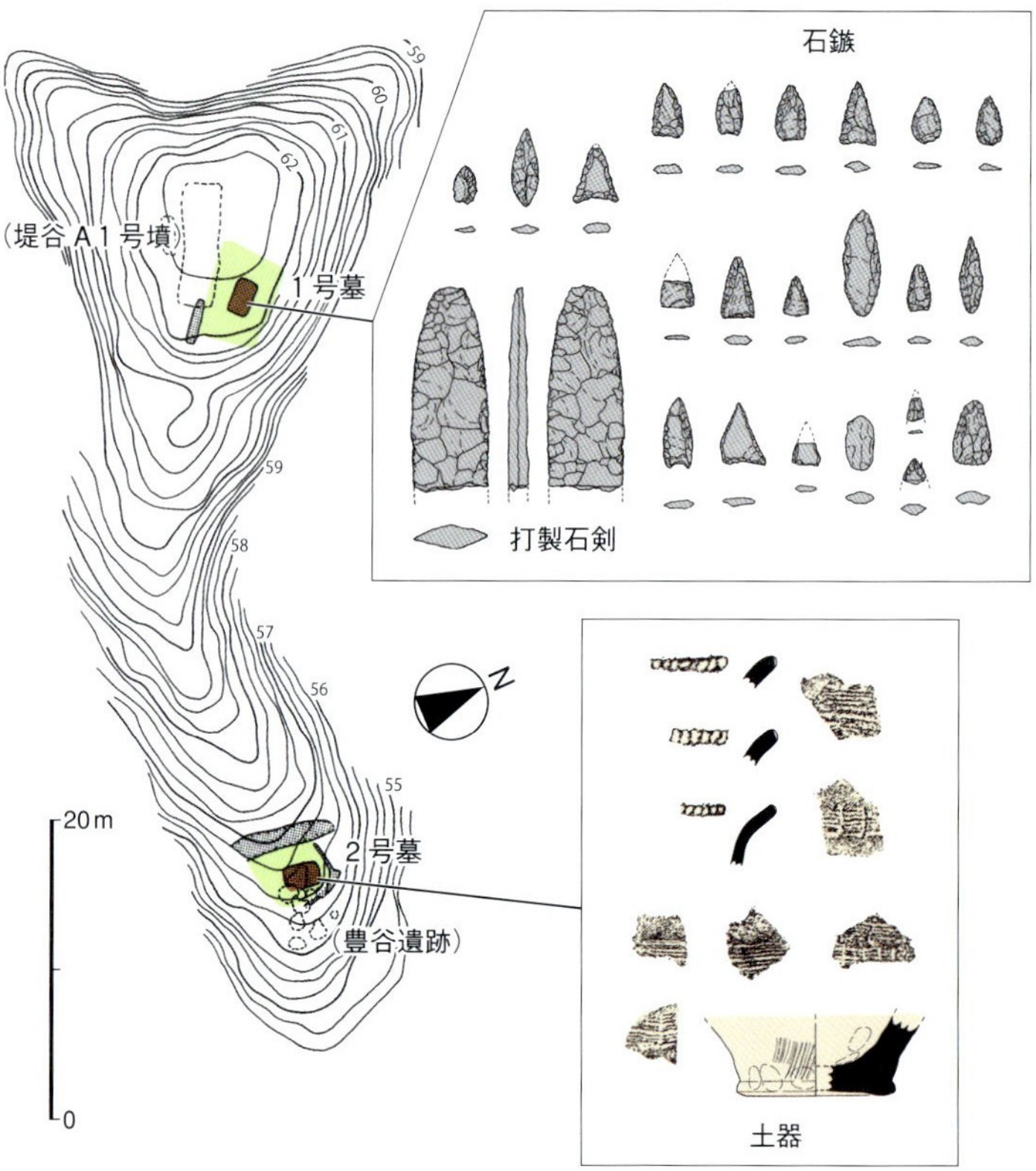

図29 ● 京丹後市豊谷墳墓群の2基の台状墓
丘陵上に築かれた小さな台状墓。埋葬施設は一つである。

あろうか。
興味深いことに一号墓直上の表土内からは、柄部の欠けた打製石剣が出土しており、これも死者に捧げた供献品と考えることができる。「ムラ」を守った勇士の墓なのであろうか。二号墓の墳頂部から中期前葉の土器が出土している。

2 集落のなかの墳墓

台地の上の集落と工房および墳墓群

弥生時代中期になると、北近畿各地に近畿中央部同様、拠点集落とよばれる大型の集落が誕生する。ここでは、京丹後市の奈具《なぐ》・奈具岡《なぐおか》遺跡群、舞鶴市の志高《しだか》遺跡をとりあげ、集落と墓がどのような関係にあるのかをみてみよう。

丹後半島の中央部、竹野《たけの》川右岸の奈具・奈具岡遺跡は、平野部から一段上がった標高二〇～五〇メートルの丘陵上にある（図31）。その範囲は東西八〇〇メートル、南北五〇〇メートルで、いままでの調査では、中期中ごろから中期末（二二〇〇年～一九五〇年ほど前）にかけての二つの居住域、二つの玉作り工房、二つの墓域がみつかっている。

水田はみつかっていないが、用水路がみつかっており、谷部から平野部にかけて生産域（水

図30 ● 豊谷1号墓の墓壙底に散らばる石鏃
幅広の木棺内部に22点の石鏃が点在していた。
墓壙の上面付近からは折れた石剣が出土。

田）が広がっていたと考えられる。人びとは、竹野川を望む小高い丘陵先端部に住居を構え、ムラから駆け降りた谷部や平野部で小区画の水田を経営したのであろう。しかし、堅果《けんか》類のでんぷんも引きつづき必要な食材で、谷部の灌漑用の水路の脇でとちの実のあく抜き作業をおこなっていた。

居住域から山側に三〇〇メートルほど入った丘陵斜面では、碧玉と緑色凝灰岩の管玉作りの工房と白色の水晶製の玉類を製作した工房が営まれていた。後者では、加工具として利用するために膨大な量の鉄素材をもち込み、小鍛冶もおこなっていた。外部から遮蔽《しゃへい》された空間で、最新技術を駆使して「宝石」を作りつづけていたようだ（**図32**）。

この集落の南東奥の丘陵上に、長さ二〇メートル、幅一〇メートルの長方形の台状墓が三基営まれ、ムラの有力者集団を葬っていた（**図33**）。墳丘の一辺は後世に山道を築くために壊されていたが、三基の台状墓は四周を溝によって区画されていたものと

図31 ● 奈具・奈具岡遺跡群の居住域と墓域
竹野川をのぞむ低い丘陵上に展開する弥生時代中期の丹後地域最大の集落跡。工房が奥まって位置する。

考えられる。墳丘の高さは一・五メートルである。一号墓の墳頂部からは七基（箱形木棺墓六、土壙墓一）、二号墓からも七基（箱形木棺墓六、土壙墓一）、三号墓からは二基（箱形木棺墓）の埋葬施設がみつかった。

　埋葬施設内から副葬品は出土しなかったが、棺外に細かく破砕した甕などを供献するものがみられた。墓壙内破砕土器供献のもっとも早い事例である。また、周辺には小形の方形周溝墓（四〜六号墓）などがある。一方、集落の南西の丘陵端部には、方形貼石墓《ほうけいはりいしぼ》を二基築いている。おそらく、三基の台状墓につづく新しい世代の有力者たちを

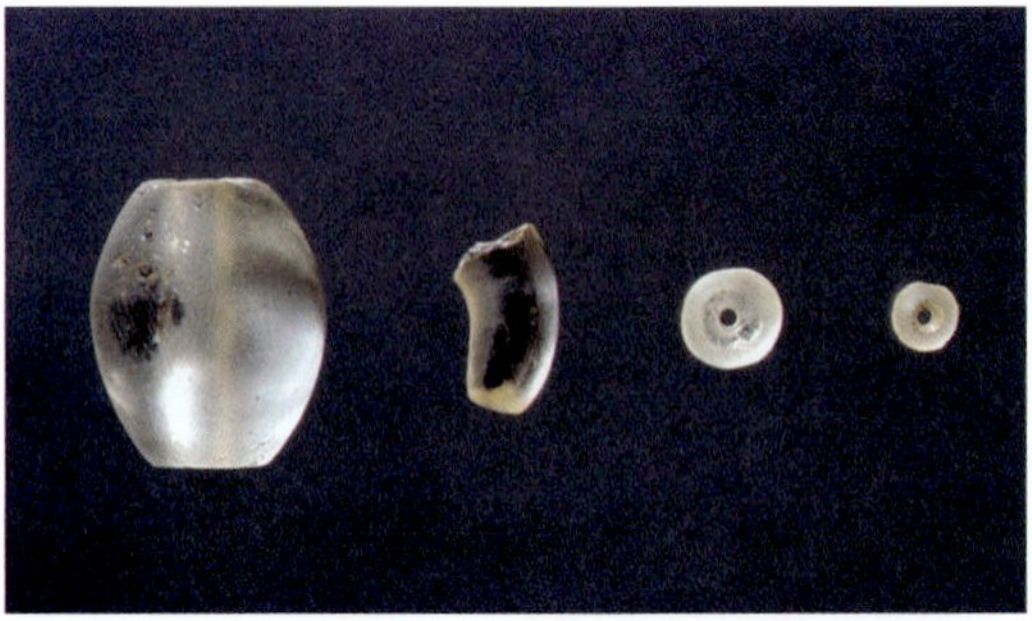

図32 ● 水晶工房出土の玉類と製作道具
水晶工房では、鉄製工具などを駆使して高度な技術で勾玉、棗玉、小玉（算盤玉）を製作していた。

葬ったものであろう。

このように奈具岡ムラは、二つの居住域、二つの巨大な宝石工場（玉作り工房）、それとともに隣接して二つの墓域をもつ丹後地域随一の大きなムラだった。宝石類はこのムラを潤す交換財として近畿地方や朝鮮半島へと運ばれていったことが予想される。ここで生産された可能性のある水晶製小玉が、奈良県の唐古《からこ》・鍵《かぎ》遺跡や香川県高松市の太田原高州《おおたはらたかす》遺跡などで出土している。これらの伝統ある最先端技術とそこから製造された製品による交易が、中期後半以降、古墳時代へとつづく丹後の発展の原動力となる。

図33 ● 奈具墳墓群の航空写真と測量図
丘陵上に連接して営まれた長方形の台状墓。墳丘上には、成人を中心とした多くの埋葬施設がある。

自然堤防上の集落・舞鶴市志高遺跡の二つの墓域

由良川は、北近畿最大の河川で、その上流部兵庫県丹波市氷上町《ひかみちょう》で瀬戸内海に注ぐ加古川と本州一低い分水嶺（標高九五メートル）をもつ。海水面が一〇〇メートル上がると本州はここで二つに分断される。そのため、弥生時代前期以来重要な幹線道路の役割を担っている。

舞鶴市の志高遺跡は、河口から一〇キロ、由良川下流域左岸にある縄文時代〜近世に至る複合集落遺跡である。弥生時代中期中葉から後葉にかけての集落跡が、東西五〇〇メートルの範囲でみつかっている（**図34**）。

居住域の北側には谷状の落ち込みがあり、幅六メートルほどの水路（旧河道）が走っている。その水路の対岸で突堤状の船着場遺構がみつかっている（**図35**）。

調査後の由良川改修にともなう浚渫作業中に、

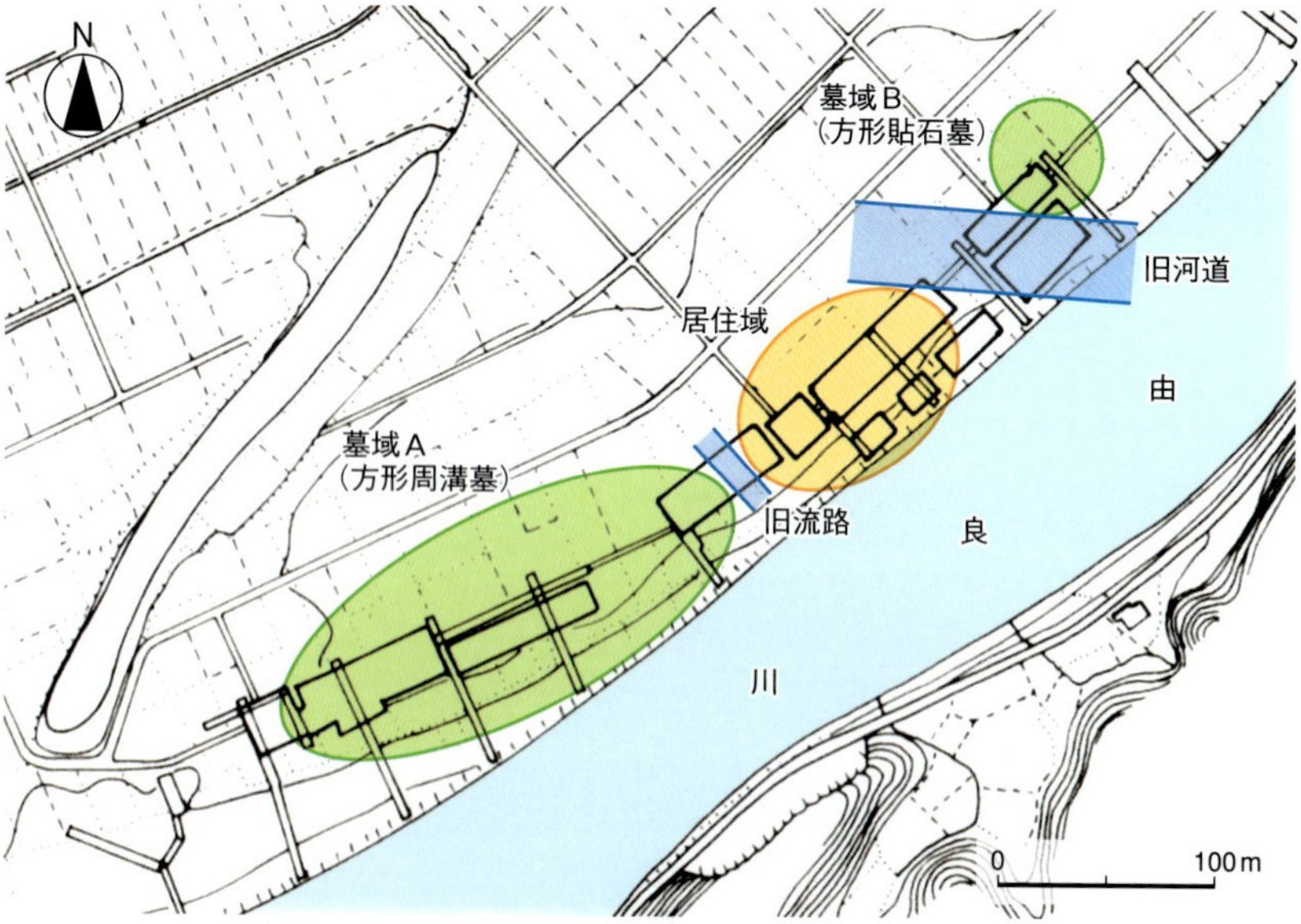

図34 ● 志高遺跡の集落構造
由良川下流域の自然堤防上に営まれた集落跡。ここでは居住域のなかで小規模な玉作りをおこなっている。

POST CARD

恐れいりますが
切手をお貼り
ください

113-0033

東京都文京区本郷
2-5-12

新泉社

読者カード係 行

ふりがな		年齢	歳
お名前		性別	女 · 男
		職業	
ご住所	〒 都道府県 区市郡		
お電話番号	– –		

◉アンケートにご協力ください

・ご購入書籍名

・本書を何でお知りになりましたか

□書　店　　□知人からの紹介　　□その他（　　　　　　　　　　　　）

□広告・書評（新聞・雑誌名：　　　　　　　　　　　　　　　　　　　）

・本書のご購入先　　□書　店　　□インターネット　　□その他

（書店名等：　　　　　　　　　　　　　　　　　　　　　　　　　　　）

・本書の感想をお聞かせください

＊ご協力ありがとうございました。このカードの情報は出版企画の参考資料、また小社からの新刊案内等の目的以外には一切使用いたしません。

◉ご注文書（小社より直送する場合は送料1回290円がかかります）

書　名	冊　数

作業員の方が川のなかから貝の入った弥生時代中期後半の壺形土器を発見した（図36）。

発見当時、壺のなかには大量のタカラ貝が入っていたとのことであったが、残念ながらいっしょに届けられたのは四点にすぎない。しかしながら、現存する壺内面の下三分の一ほどまで、貝殻の粉末がいまも残されており、相当量の貝が入っていたことが想像できる。

残った四点の貝は、いずれもキイロダカラとよばれる貝で、ほぼ完存する三点のいずれもが頭頂部を失っている（貝の頭頂部ははずれやすいため人工的な細工と確定はできない）ことから、紐でつないで首飾りなどに利用する目的であったのだろうか。いずれにしろキイロダカラは周辺の日本海で産出するものではないことから、交易品として壺に入れて運ばれてきたものと考えられる。

キイロダカラは主に本州南部に産するが、対馬でもその産出が確認されており、日本海ルートでもちこまれた可能性もある。壺は、播磨的な様相が強いものの、北近畿を含む山陰、山陽のどの地域で製作されたものであるかは明らかでない。いずれにしても、北近畿の広い交易を示す資料の一つとして興味深い。

由良川という交通手段をもち、交易をとお

図35● 志高遺跡の船着場遺構
調査段階では遺構の性格は不明。10年後、一支国の首都といわれる原の辻遺跡から同様の遺構がみつかり、船着場と判明。

して発展したこのムラでは、円形竪穴住居が一一棟検出された居住域の西に自然流路をはさんで方形周溝墓群（図37）が、居住域の北の旧河道をはさんで対岸には方形貼石墓群（図38）という二つの墓域がみつかっている。方形周溝墓は三〇基を超え、大きな墓域を形成している。

南の方形周溝墓からなる墓域は、溝内から出土した供献土器から、中期中葉から後葉にかけてのもの以外に方形周溝墓三に代表される古墳時代初頭に属するものがある。弥生時代中期中

図36 ● 浚渫工事で出土した弥生壺とキイロダカラ
調査終了後の浚渫工事で採取した壺。なかにはキイロダカラが相当量入っていた。

図37 ● 志高遺跡カキ安地区の方形周溝墓（部分）
一辺5mから20mまで大小多数の方形周溝墓がみつかった。埋葬施設のあるものはいずれも単葬墓。

葉から後葉にかけての方形周溝墓は、一辺一〇メートルから二〇メートルを超えるものまであり、すべての墳丘から埋葬施設が検出されているわけではないが、一墳丘に一埋葬施設のものが多い。埋葬施設内からは副葬品は出土していない。

船着場を上がりきったところからは、三基の方形貼石墓を検出している。一辺一五・五メートルの二号墓の様相は不明だが、一辺六～七メートルの一・三号墓からはそれぞれ複数の埋葬施設が検出されている。一号墓では木棺墓の墓壙上から底部に穿孔を施した壺と甕が、墳丘上の土坑からは意図的に一部を破砕した壺、鉢、高杯などが出土している（図39）。三号墓の墳丘からはほぼ平行に配置した三基の土坑が検出されているが、供献土器などは出土していない。また、一号墓の東斜面からは底部を穿孔した大型の壺が出土している。一・三号墓と二号墓の間の大きな溝からは、一片の土器も出土しておらず、絶えず清掃されていたのであろうか。

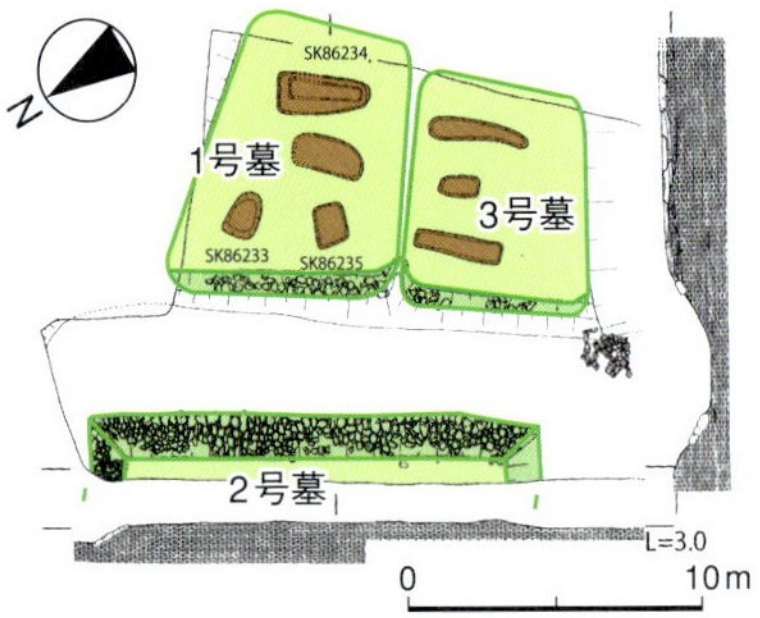

図38 ● 志高遺跡舟戸北地区の方形貼石墓群
最初はどのような性格の遺構か不明だった。墳丘を断ち割って埋葬施設を検出し、2号墓を新たに発見して墓と判明。

これらムラの北側につくられた貼石墓は、墳丘の斜面に石を貼り荘厳化された厚葬墓であり、集落内の特定有力者集団（家族か？）が埋葬され、南の方形周溝墓群には、ムラの主要な構成員が一人ずつ埋葬されている。他のムラから交易のために舟で訪れた人びとにとって、船着き場に隣接する貼石墓のその荘厳な姿は、丹後のクニの玄関口としての役割をも果たしたのであろうか。

3　日本海側に広がる方形貼石墓

北近畿の方形貼石墓

弥生時代中期から後期の近畿地方から中国地方にかけて、古墳の葺石《ふきいし》のように墳墓の斜面に石を貼って墳丘を荘厳化した墳墓がある。そのうち方形の墳丘に貼石をもつものが、後期に四隅突出型《よすみとっしゅつがた》墳丘墓が発達する島根県（出雲・石見）〜鳥取県西部（伯耆）の地域と広島県北部（備後）の地域（以下、出雲周辺）以外に、

図39 ● 志高遺跡舟戸北地区1号墓の供献土器
1号墓からは墓に供えた土器が出土した。いずれも底部を穿孔したり、脚部を折ったりと実用できない工夫がしてある。

鳥取県東部（因幡）および北近畿に分布する（図40）。北近畿では、一九八六年の志高遺跡の発掘調査で三基の方形貼石墓が検出されたのを契機に、京丹後市の小池一三号墓（一九八三年調査）と同奈具岡遺跡方形区画二例（一九八五年調査）を含めて、北近畿での方形貼石墓の存在が明らかになった。その後調査例が増え、現在八遺跡一三例が知られる。

北近畿と出雲周辺の方形貼石墓の共通性

北近畿と出雲周辺の方形貼石墓にはいくつかの共通点がある。もっとも古いものは中期中葉とされる出雲市の中野《なかの》美保《みほ》遺跡二号墓だが、与謝野町の日吉《ひよし》ヶ丘《おか》遺跡の方形貼石墓（図41）もこの時期までさかのぼる可能性があり、ほぼ同時期に二つの地域に出現した可能性がある。

貼石の施工方法についても、最下段の貼石が、石の平らな面を外に向けて長軸を縦にして設置することや、必ずしも貼石を基底部から施工するわけではないこと、

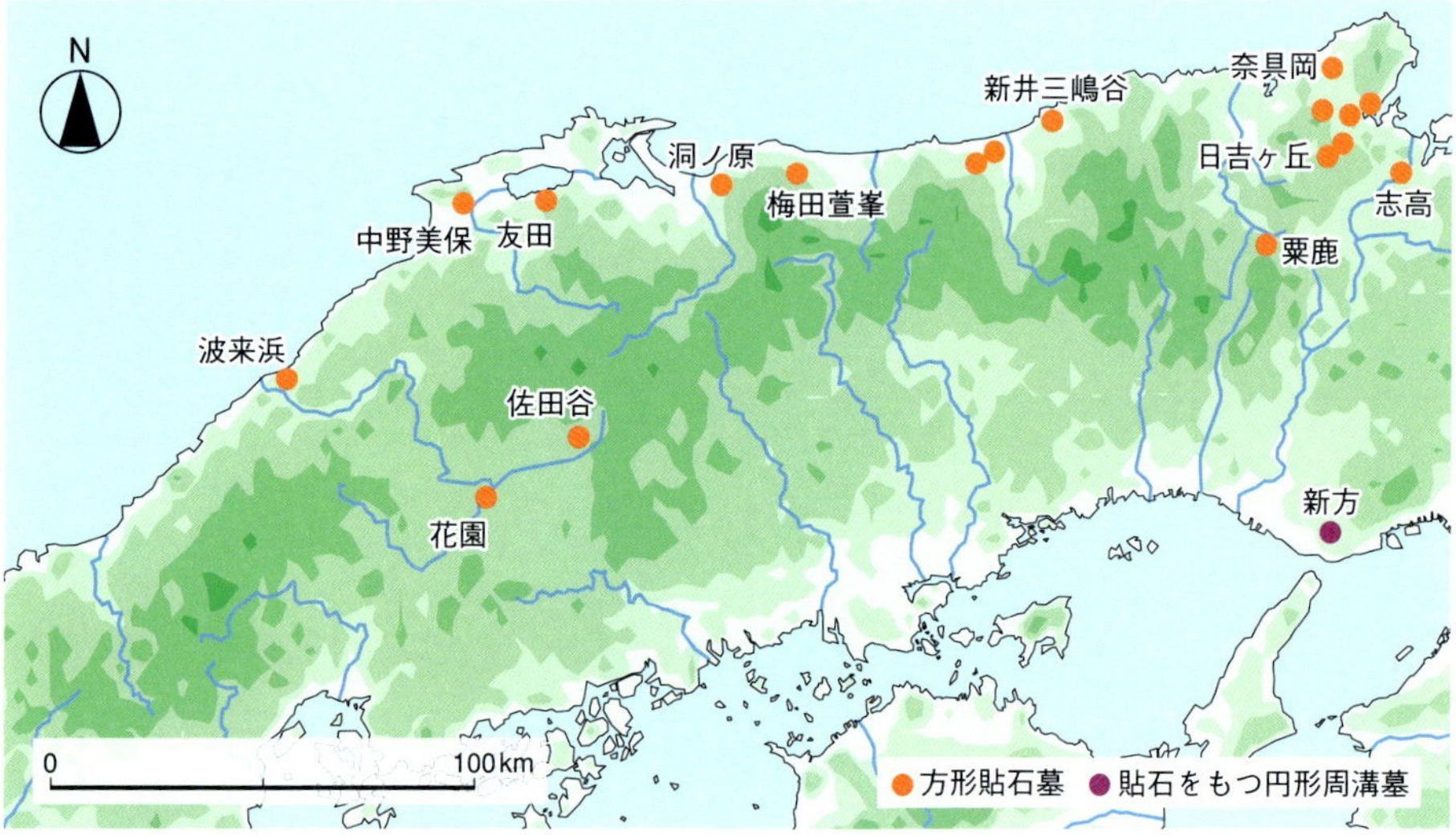

図40 ● 弥生時代中期～後期前葉の貼石をもつ墳墓の分布
北近畿から鳥取・島根の海岸沿いおよび江の川上流部に方形貼石墓は点在する。
中野美保と日吉ヶ丘が古く時期を同じくして成立したようだ。

用いられた貼石は必ずしも平らなものではなく、角礫の平らな面を外側にして墳丘斜面に埋め込むように施工するなど共通性が認められる。

また、後期初頭ごろを境に、出雲周辺では江《ごう》の川《かわ》上流域（広島県北部）で出現したであろう四隅突出型墳丘墓を主たる墓制として受け入れ、弥生時代後期を通じて醸成させていく。その状況は、北近畿での後述する弥生時代後期型台状墓の墓制に移行し発展させていくことに共通する。一方、二つの地域の中間点である因幡では、後期初頭に高い墳丘をもつ方形貼石墓を誕生させている。

北近畿の巨大な方形貼石墓

北近畿の方形貼石墓は、中期の段階で墳丘を大きくする傾向にあり、一辺三〇メートルを超えるものが出現する。同時期の墳墓としては、佐賀県の吉野ヶ里遺跡の北墳丘墓に次ぐ規模で、近畿中央部最大の大阪市加美《かみ》遺跡Ｙ1号墓（南北二五メートル、東

図41 ● 与謝野町日吉ヶ丘遺跡の方形貼石墓
広大な墳丘上には埋葬施設は1基のみだった。墳丘上には前後関係が不明だが掘立柱建物や竪穴建物が営まれている。

西一五メートル、高さ約二・五メートル）を平面規模で凌駕する。

これら大型の方形貼石墓の特徴として、墳丘の外側に溝をめぐらす方形周溝墓であることがあげられる。先述の志高遺跡では方形周溝墓からなる墓域がみつかっていること、日吉ヶ丘遺跡の場合は、方形貼石墓と方形周溝墓が並んであることなどからわかるように、北近畿の方形貼石墓は近畿地方中央部の方形周溝墓の墓制の延長にあるともいえる。

日吉ヶ丘遺跡の方形貼石墓（**図42右**）は、河岸段丘上の環濠集落日吉ヶ丘遺跡の西斜面に、環濠を一部利用して築いている。墳丘は長さ三二メートル、幅二〇メートル、高さ約二メートルで、墳丘中央部から少し南の位置に埋葬施設が一基ある。貼石は墳丘斜面の上半部をめぐるもので、その高さは一メートル前後である。

埋葬施設は、長辺五・〇メートル、短辺三・二

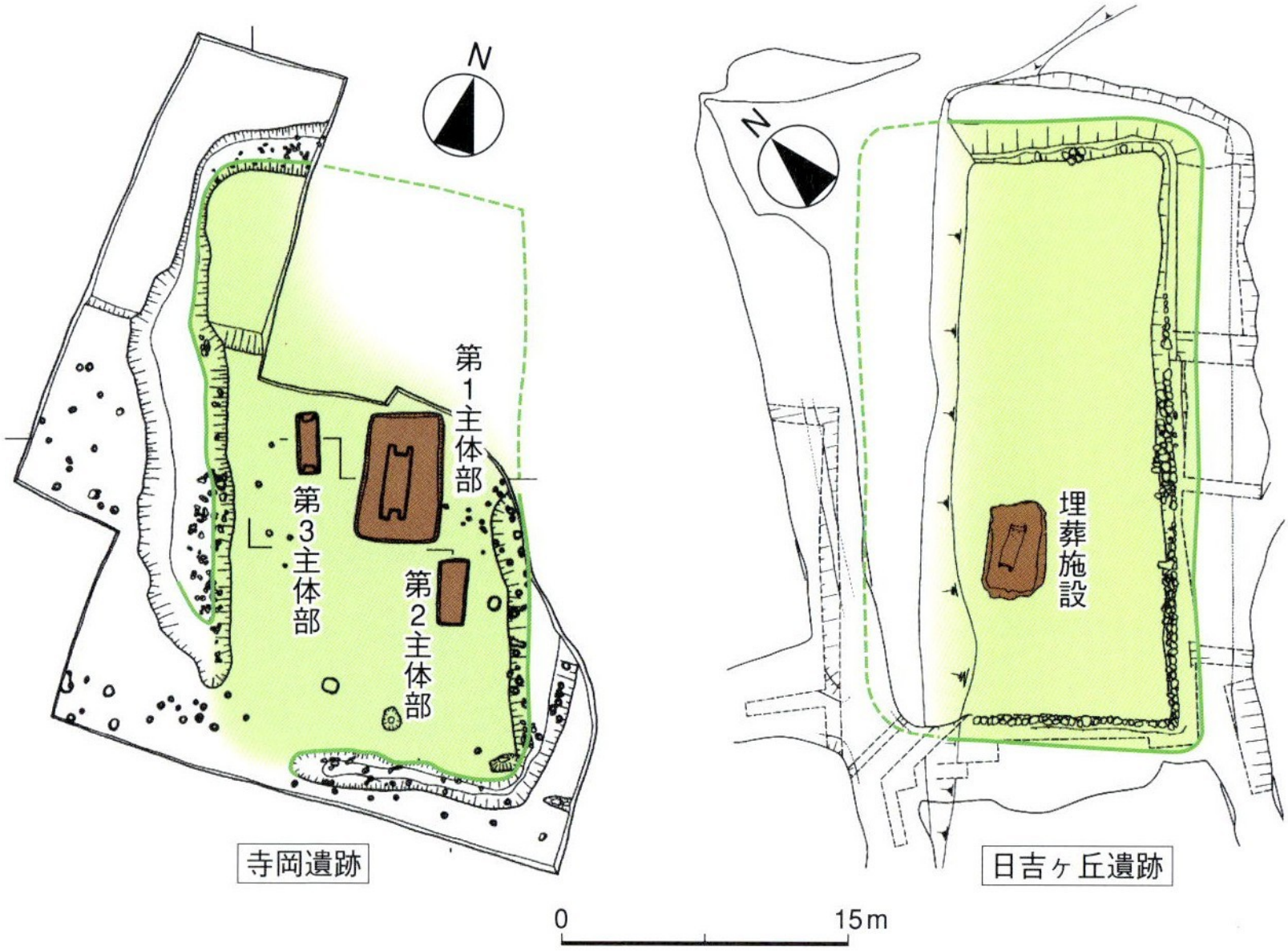

図42 ● 寺岡遺跡と日吉ヶ丘遺跡の方形貼石墓
ほぼ同規模の大型の方形貼石墓。日吉ヶ丘遺跡のものは中期中葉、寺岡遺跡のものは中期後葉につくられた。

メートルの墓壙のなかに内法長約二・〇メートルの組み合わせ式木棺を設置したものである。棺内の頭部推定位置から赤色顔料とともに六七七点以上の碧玉と緑色凝灰岩製管玉が出土した（図43）。供献土器は不明であるが、周溝内から多量の土器が出土しており、中期中葉新段階と報告されている。

与謝野町の寺岡遺跡の方形貼石墓は長辺三三メートル、短辺二〇メートルと日吉ヶ丘遺跡のものとほぼ同規模の巨大な墳丘をもち、墳丘内から大小三基の埋葬施設が検出された（図42左）。

墳丘中央部の第一主体部は、長辺六・七メートル、短辺四・二メートルの大きな墓壙内に内法長二・七メートルの組み合わせ式木棺を納めたものであった。第三主体部は、長辺三・二メートル、幅一・二メートルの墓壙内に内法長一・七メートルの木棺を納めたものであった。甕を墓壙内破砕土器供献していた。中期後葉に位置づけられる。

北近畿の一三基の方形貼石墓で、埋葬施設を検出したのは、志高遺跡一号墓の二基以上、同三号墓の三基、寺岡遺跡の大小三基、日吉ヶ丘遺跡の一基、そして京丹後市の小池一三号墓の

図43 ● 日吉ヶ丘遺跡の木棺内の管玉出土状況
棺内頭部付近から鮮やかな赤色顔料と677点以上の碧玉および緑色凝灰岩製管玉が出土した。

二基の五例にすぎない。事例が少ないながらも、日吉ヶ丘遺跡例をのぞいていずれも二〜三基程度の複数の埋葬施設が検出されている。

引き継がれた墓制

ここまでみてきたように、弥生時代中期の北近畿には、方形台状墓、方形周溝墓、方形貼石墓などの異なった種類の墓制が認められる。加えて類例は少ないが、丹波市七日市《なぬかいち》遺跡などでは円形周溝墓も検出されている。

方形台状墓は、前期以来丘陵の上で墓を営んできた北近畿の伝統的な墓制である。方形周溝墓は近畿中央部から加古川・由良川、明石川・円山川経由でもたらされた墓制であろう。円形周溝墓は播磨や西摂津を中心に分布する墓制でそれが一部波及したものと考えられる。方形貼石墓は、出雲周辺とともにおそらく朝鮮半島の影響を受けて成立した墓制であろう。これらの四つの墓制が混在するのが北近畿の弥生時代中期の様子であった。

奈具・奈具岡遺跡群、志高遺跡、日吉ヶ丘遺跡、七日市遺跡などの拠点的な集落遺跡では、同じ集落のなかに「台状墓と方形貼石墓」「方形周溝墓と方形貼石墓」「方形周溝墓と円形周溝墓」など二種類の墓制、場合によっては二つの墓域が集落（居住域）の横に存在している。四種類の墓制に優劣をつけることはむずかしいが、方形貼石墓が規模・副葬品などの点で優勢といえよう。

それでは、どのような墓制が後述する後期の墓制につながっていくのであろうか。

大風呂南墳墓群に代表される後期の台状墓の墓制は、居住域から離れた丘陵上に墓域があること、大小多数の埋葬施設が営まれること、鉄製武器・工具類および装身具などの副葬品が豊かであること、墓壙内破砕土器供献にはじまる土器供献儀礼があることで特徴的である。

このうち、大小の埋葬施設はいずれも成人ながら寺岡遺跡の方形貼石墓に認められる。装身具の副葬は、前期の駄坂舟隠遺跡や中期の桑飼上《くわがいかみ》遺跡の方形周溝墓にも認められるが、日吉ヶ丘遺跡の方形貼石墓には六七七点もの管玉が副葬されていた。墓壙内破砕土器供献は、中期後半の台状墓（奈具墳墓群）に初現形態がみられ、中期末葉に近い寺岡遺跡の方形貼石墓ではすでに完成された姿になっている。

つまり、台状墓、方形周溝墓、円形周溝墓、方形貼石墓と四つの墓制が共存するなか、墳丘規模が大きく、斜面を石で荘厳化した方形貼石墓の墓制に、中期後半の段階に墳丘上の大小の埋葬施設、墓壙内破砕土器供献、豊富な副葬品などの要素が認められ、後述する北近畿の墓制に引き継がれていくのである。

第4章　王墓の展開——弥生後期

1　弥生王墓の誕生

見上げる聖なる対象

弥生時代後期になると、北近畿の集落の状況はよくわからなくなる。中期の拠点集落であった由良川の自然堤防上に築かれた丹波市の七日市遺跡、舞鶴市の志高遺跡、台地上に営まれた与謝野町の日吉ヶ丘遺跡、京丹後市の奈具・奈具岡遺跡群などでは、中期集落につづく後期の遺構はみつかっておらず、中期末ごろにいったん断絶してしまったような状況だ。

しかし、集落（居住域）の様相はわからないものの、後期になると丘陵の上から多数の墳墓がみつかる。墳墓の周辺からは集落がみつかっていないことから、居住域と墓域が分離したことがわかる。

中期の北近畿では、前章でみたように、志高遺跡や奈具・奈具岡遺跡群などの拠点集落において、直径一〇〇〜二〇〇メートル規模の居住域のまわりに方形貼石墓や方形周溝墓、台状墓などの墓域が形成されていた。ムラを一歩出たところに祖先の眠る墓地と水田や工房などの生産域があったのである。この構造は、近畿地方中央部の弥生時代中期の集落構造と同じものであった。

それが後期になると、京丹後市大山遺跡、同アバタ遺跡、与謝野町須代《すしろ》遺跡、志高遺跡カキ安地区など小規模な集落遺跡しかみつからないことから、中期の拠点集落の解体後、後期の集落は中期の集落が営まれた台地の下の扇状地および自然堤防上に点在するようになり、各集落から見上げる山の上には聖なる対象として墓地が築かれるようになった可能性が高い。

図44 • 三坂神社墳墓群（北上空から）
中郡盆地を北に一望する丘陵上から、丘陵尾根部を階段状に加工して埋葬空間を確保した台状墓が6基みつかった。

三坂神社墳墓群の登場

三坂神社墳墓群は、そうした集落から離れた丘陵上に営まれた初期の墳墓である。

丹後半島を南北に貫流する竹野川中流域に、丹後半島最大の平地、中郡《なかぐん》盆地がある。北端の京丹後市峰山《みねやま》町丹波から南端の同大宮町谷内まで南北七キロあり、東西は中央部の大宮町河辺から同町善王寺《ぜんのうじ》で東西二・五キロと、細長い形をしている。この盆地の南端に近い標高六九～八三メートルの丘陵上に、盆地を一望に見下ろすように三坂神社墳墓群がある（**図44**）。

高低差一四メートル、南北六〇メートルの範囲に、丘陵を階段状に整形して平坦面をつくり、六基の台状墓を築いている（**図45**）。

三号墓からは一四基、四号墓からは六基、五号墓からは二基、六号墓からは一基、七号墓からは三基、八号墓からは一三基の、合計して木棺墓三五基、土器棺墓四基の計三九の埋葬施設がみつかった。

三五基の木棺墓のうち三二基で墓壙内破砕土器供献

図45 ● 三坂神社墳墓群測量図
丘陵裾部は不明瞭である。各平坦面の大きさに合わせて大小の埋葬施設が営まれている。

儀礼がおこなわれており、二四基の木棺墓が鉄製品もしくは玉類を副葬している。出土した供献土器は五七点で、鉄製品は舶載の素環頭鉄刀《そかんとうてっとう》を含む武器・工具二〇点である。装身具はガラス勾玉、水晶小玉、ガラス管玉、緑色凝灰岩製の管玉、ガラス小玉など計三〇七〇点からなる。

出土した土器から、後期初頭の三号墓第一〇主体部の被葬者が造墓のきっかけとなった最初の被葬者である。その後、三号墓、四号墓、八号墓で順次埋葬をおこない、やや遅れて五〜七号墓が営まれ、ほぼ一世代で四号墓とともに終了する。三号墓、八号墓ではその後、後期前葉の内に埋葬行為は終了している。

最初の王墓（三号墓第一〇主体部）

墳墓群の最上段にある三号墓は墳墓群中最大の台状墓で、墳頂部の平坦面の規模は南北一四・五メートル、東西一五・〇メートルになる。埋葬施設は木棺墓一二基、土器棺墓二基の計一四基で、**図46**のように、最初に築いた大きな第一〇主体部を囲うような形で、成人木棺三基と小児木棺三基、乳幼児を埋葬した土器棺二基が営まれた。

図46 ● 三坂神社3号墓の墳丘中央部
墳丘中央部には、大きく深い埋葬施設が営まれていた。中心埋葬を一部掘り込んだり、とりかこむような形で大小の埋葬施設がみつかった。

その配置は、最初の被葬者でもある第一〇主体部との親族関係を示しているかのようだ。

第一〇主体部を上層から掘りさげていくと、墓壙の検出面から一・五メートル掘りさげたところで甕、水差し形土器、高杯の破片が多数出土しはじめた。その面をきれいに水平に整えたのが図47である。長さ二・七メートルの長側板の痕跡をとどめた組み合わせ式木棺がみつかりつつある。墓壙の大きさは、長辺五・六九メートル、短辺四・二七メートル、深さ一・八〇メートルで、組み合わせ式木棺の長さは小口間で二・三八メートル、幅は側板間で〇・八八メートルである。

木棺の左側面の裏込め上からは水差し形土器、高杯二点が、木棺の足元小口部の裏込め上からは甕がいずれも破砕された状態で出土した。

棺内を掘りすすめると、約三〇センチほどで棺底部に達した（図48）。被葬者の頭部には、一四点のガラス管玉をつなげたヘアバンド（頭飾り）があり、右頭部には下からガラス勾玉一点、水晶小玉八点、ガラス小玉一〇点、水晶小玉八点をつないだ垂れ飾りがあった（図51）。

頭部の右側面にはやりがんなを置き、左腰部からは鞘に入った素環頭鉄刀と鉄鏃二点が出土した。被葬者の頭部から胸にかけては多量の水

図47 ● 中心埋葬施設（第10主体部）の組み合わせ式木棺の検出状況
検出面から1.2mほど掘り下げると木棺の形状が徐々に明らかになってきた。

銀朱が撒いてあり、被葬者の左側面に全長一・七メートル、幅三・五〜四・〇センチの黒漆塗りの儀仗を置いてある。これらの状況から、多くの宝石を身にまとい、中国製の素環頭鉄刀を腰にさして左手に儀仗を握った王の姿がみてとれるのである（図49）。

副葬品の特徴

こうした副葬品について、いくつかを紹介しよう。

三号墓第一〇主体部から出土した素環頭鉄刀（図50左）は全長二九・〇センチの短刀で、腰にさしていたものと考えられる。その形状から、中国大陸からもたらされたものであろう。短刀といっしょに弓矢が二本出土した。現状をとどめていたのは、全長六・六センチ、五・八センチのえぐりのある大型の三角形鉄鏃である（図50中）。被葬者の頭部右側からは、柄部もほぼ完存する全長二四・〇センチの立派なやりがんなが出土した（図50右）。この頭部右側へのやりがんなの副葬品の配置は、これ以降の墳墓にも認められる。

図48 ● 第10主体部棺内の遺物出土状況
鮮やかな朱のなかにヘアバンドが埋まっている。被葬者の左腰には鞘入りの素環頭鉄刀が、その横には黒漆塗りの儀仗。

頭部には一四点の鉛バリウムガラス製の管玉からなる頭飾りがあり、右端からは耳付近に垂れ飾りを配していた（図51）。垂れ飾りの先端は鉛バリウムガラス製の勾玉で、その上に水晶小玉八点、カリガラス製の小玉一〇点、水晶小玉八点が連なっていた。水晶小玉は算盤玉の形をしていて、直径五・〇ミリ、高さ三・七〜五・五ミリである。弥生時代中期に奈具岡遺跡で製作された水晶小玉と同じ形である。丹後地域において、中期以来の高度な玉作りの技術が後期に引き継がれ、特産品としての水晶小玉を製作しつづけている可能性を示す資料である。

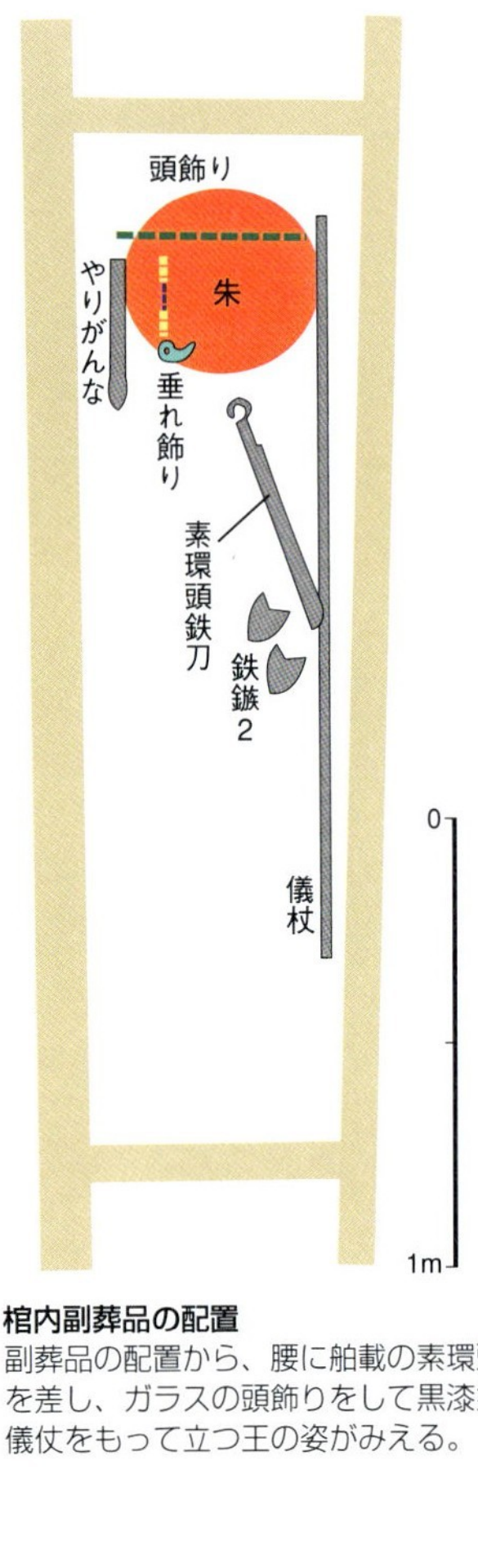

図49 ● 棺内副葬品の配置
副葬品の配置から、腰に舶載の素環頭鉄刀を差し、ガラスの頭飾りをして黒漆塗りの儀杖をもって立つ王の姿がみえる。

図50 ● 第10主体部出土の鉄製品
素環頭鉄刀は全長29cm。鉄鏃（上：全長6.6cm）、やりがんな（全長24cm）ともに大型の逸品。

なお、三号墓第二主体部からはカリガラス製の管玉が一三点出土している。奈良文化財研究所が撮影した断面投影写真から、両側穿孔であることがわかる。外形はエンタシス状をした多面体である（図52）。

三坂神社墳墓群誕生の意義

このように三坂神社三号墓の出現は、北近畿における新たな弥生墓制の誕生といえる。その内容はつぎのとおりだ。

①集落から離れた丘陵上に墳丘区画の明瞭でない台状墓を築くこと。
②墳頂部に大小複数の埋葬施設があり、親族墓的性格が強いこと。
③葬送儀礼行為として独特の墓壙内破砕土器供献をおこなっていること。
④しばしば鉄（銅）製武器・工具類と玉類などからなる装身具を副葬すること。

この墓制は三坂神社墳墓群で完成した形ではじまり、

図51 ● 垂れ飾りの出土状況
水晶小玉8＋ガラス小玉10＋水晶小玉8＋ガラス勾玉からなる高貴な垂れ飾り。

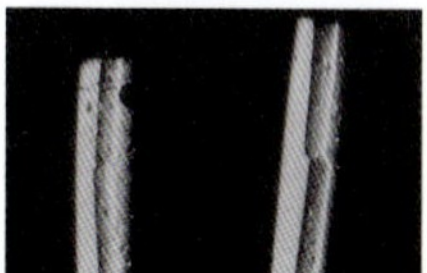

図52 ● 3号墓第2主体部出土の管玉
青色半透明のエンタシス状のガラス管玉は、丹後で作られたのか、石製管玉同様、両端からドリルで穿孔されていた。

副葬品の配置を含め北近畿全域に強い規制（きまりと慣習）を及ぼすのである。

前章で述べたように、この墓制は弥生時代中期後半の一部の伝統に多くの新しい要素が加わり誕生した。一部の伝統は丘陵上での造墓、墓壙内破砕土器供献と玉類の副葬で、新しい要素は、居住域から離れた場所での造墓、墳丘区画の不明瞭さ、墓壙の大小、鉄製品の副葬である。三坂神社三号墓第一〇主体部の被葬者の死を契機にはじまったこの墓制は、甕を中心とした墓壙内破砕土器供献の実施、鉄製武器・工具類と装身具の計画的な配置という約束事のもと後期初頭には但馬地域にも広がり、後期中葉には大型鉄製武器（鉄剣）の副葬の増加とともに丹波地域にまで広がっている。その範囲は、鉄を握る北近畿の王の支配圏とも考えられる。

2　三者三様の墳墓

三坂神社墳墓群の真北一・三キロのところに大宮売《おおみやめ》神社遺跡がある。本格的な調査は実施されていないが、弥生時代後期の北近畿を代表する集落が眠っていることが予想される。集落の西一・〇キロ先には、弥生時代中期末にはじまる左坂《ささか》墳墓群があり、同じく北西〇・五キロ先には、三坂神社墳墓群と同時期に営まれた今市《いまいち》墳墓群がある。

三坂神社墳墓群を含めたこれら三墳墓群からは、後期前葉の埋葬施設が、三坂神社墳墓群で三九基、左坂墳墓群で三九基、今市墳墓群で三二基、総数一一〇基みつかっている。三つの墳墓群で埋葬施設の数はほぼ同じだが、これらの墳墓は墳墓の形状、副葬品のあり方などでは三者三様である。

左坂墳墓群は、後期後葉まで造墓活動がつづく北近畿最大級の墳墓群で、総数一四八基の埋葬施設を営んだ（図53）。三坂神社墳墓群は階段状の地形に六基の明瞭な墳丘区画をもっているが、左坂墳墓群は一九の墳墓（埋葬空間）から構成されるものの、一見すると共同墓地に葬られた土壙墓群のようにみえるほど区画が明瞭でない。

また、後期中葉から後葉になると素環頭鉄刀をもつ被葬者が出現するが、三坂神社三号墓第一〇主体部のような大きな埋葬施設を築いていない。副葬品は、墳墓群全体で六三の埋葬施設から出土している。武器としては鉄刀二本、鉄剣一本、鉄鏃二六点、銅鏃一点が、鉄製工具としてやりがんな一一点、刀子四点が、装身具としてガラス勾玉七点、同管玉二一点、緑色凝灰岩製管玉三一点が出土している。とくにガラス小玉は総数六九一一点を数える（図54）。その数は北近畿出土の弥生時代のガラス小玉の四割を占めている。

今市墳墓群は大小二基の墳墓から構成され、二号墓は墳丘上の四基の埋葬施設をかこむように二七の埋葬施設がとりつくものである。

図53 ● 左坂墳墓群の全景
19カ所の埋葬空間から弥生時代後期初頭〜中葉の総数148基の埋葬施設がみつかった。

中心埋葬施設は三坂神社三号墓第一〇主体部とほぼ同規模で、頭部の右横にやりがんなを配置している。副葬品をもつ埋葬施設は少なく、三坂神社墳墓群や左坂墳墓群と比べて富の保有量が貧弱である。

表1は、これら三墳墓群の被葬者像を確認するために、土器棺・土壙墓および木棺墓をその大きさから乳幼児、小児、成人に分類したものである。

すると三墳墓群とも同様の傾向を示し、おおむね大人と子どもの比率は一対一である。被葬者集団（親族）のすべての構成員が埋葬されていると考えると、成人になるまで二人に一人の子どもがなくなる社会だったと推定される。

このように三つの墳墓の被葬者の構成は共通性が高いが、副葬品の所有量、組み合わせには大きな差がある。

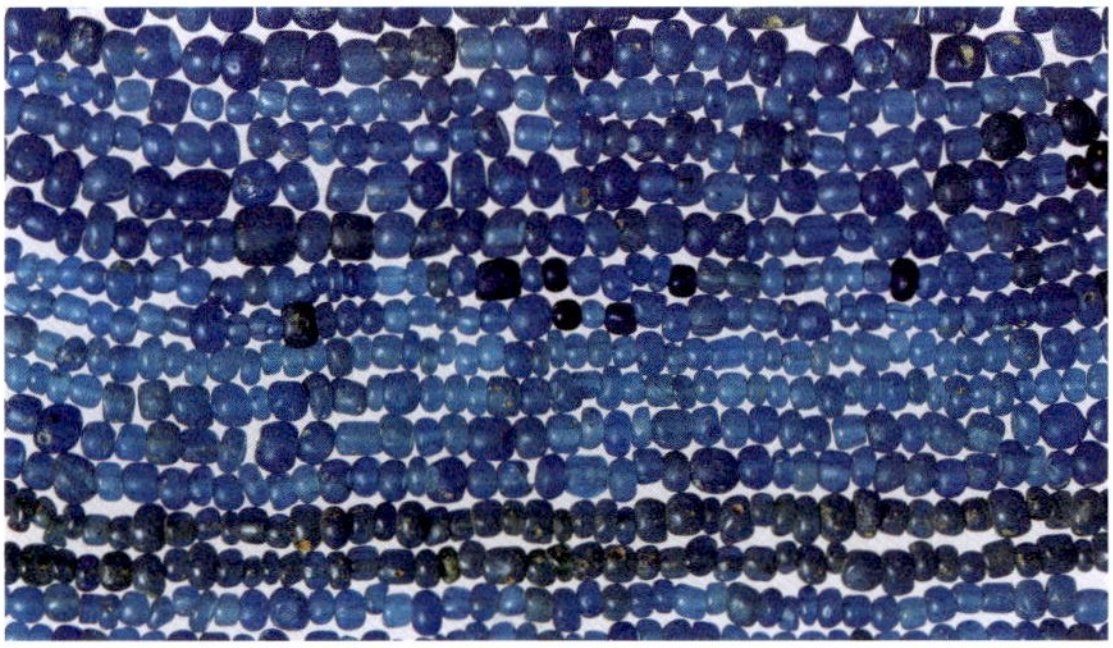

図54 ● 左坂墳墓群出土のガラス小玉
総数6911点のガラス小玉が出土した。北近畿の弥生時代後期のガラス小玉は、コバルト着色の紺色のものは少なく、大半は銅イオン着色のスカイブルーのものである。

	乳幼児				小児	成人	合計
	土器棺	土壙墓	木棺墓（~1.2m）	小計	木棺墓（1.2～1.7m）	木棺墓（1.7～2.8m）	埋　葬施設数
三坂神社墳墓群	4	0	12	16（41%）	4（10%）	19（49%）	39
左坂墳墓群	0	6	14	20（51%）	2（ 5%）	17（44%）	39
今市墳墓群	1	0	11	12（38%）	6（19%）	14（43%）	32
合　計	5	6	37	48（41%）	12（11%）	50（48%）	110

表1 ● 3墳墓群被葬者の比較
同じ時期の3墳墓の埋葬施設をみると、乳幼児での死亡率が高く、成人するまでにほぼ半数が亡くなっている。

図55は、副葬品の組み合わせを模式図化したものである。三坂神社墳墓群では、頭飾り、素環頭鉄刀、鉄鏃、やりがんなおよび首飾り、儀仗が出土した三号墓第一〇主体部を頂点とした構造になっている。左坂墳墓群でも頭飾りや刀はないものの、似たような樹形図ができる。

しかし、今市墳墓群では副葬品をもつ埋葬施設自体が全体の三分の一以下であり、やりがんなと首飾りをあわせもつ被葬者が頂点となっている。すなわち、同一集落内において、威信財

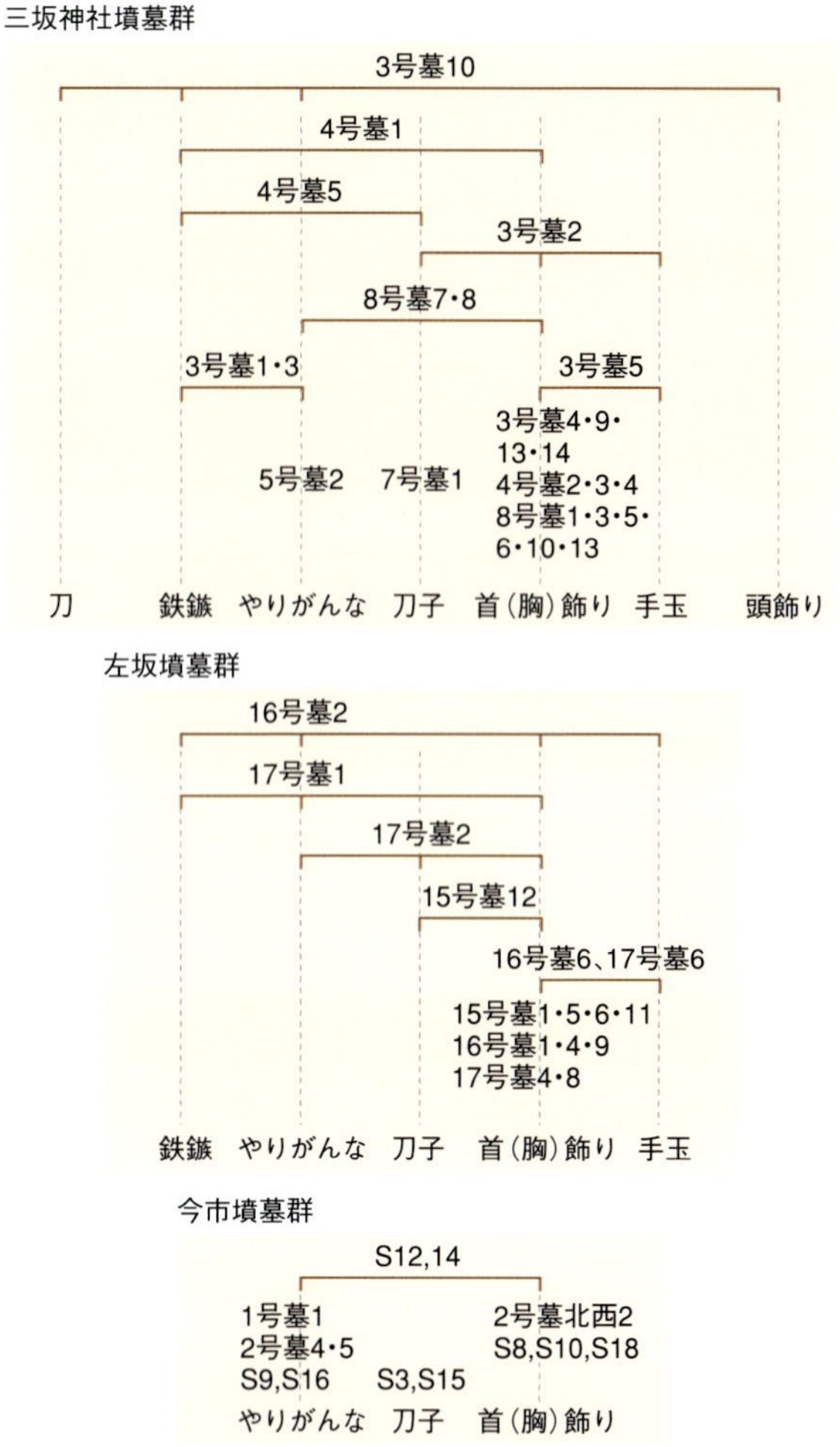

図55 ● 3墳墓群副葬品の組み合わせ
図中「○号墓」の後の数字は主体部の番号で、茶色の横線が副葬品の範囲を示し、下向きの短い線のある箇所が、対応する下の遺物が副葬されていたことを示す。
墳墓の造営集団ごとに副葬品の所有量の差が明らかである。三坂神社3号墓第10主体部を頂点とした階層がみえる。

や奢侈品をたくさんもつ集団と少ししかもたない集団が存在し、集団間に富の保有量の格差があることがわかるのである。

3　発展する墳墓

「墓壙内破砕土器供献」

さて、ここで三つの墳墓群に共通している北近畿独自の土器供献儀礼、「墓壙内破砕土器供献」についてもう少しくわしくみていこう。

三つの墳墓群でみつかった木棺墓総数一〇二基（三坂神社墳墓群三五基、左坂墳墓群三三基、今市墳墓群三四基）のうち、八九基の埋葬施設から計一五二点の供献土器（破片資料は除いた）が出土している。なお、土壙墓・土器棺墓には供献土器はない。

「墓壙内破砕土器供献」は、弥生時代中期後葉の京丹後市の奈具墳墓群で、甕や水差し形土器を砕いて棺蓋上に供献したのが祖形だ。

後期初頭になると、ほぼすべての木棺墓で、葬送儀礼に使用されたであろう調理具である甕（炊飯具）や水差し形土器（煮沸具・酒器か？）と飲食容器である高杯・台付鉢（供膳具）などを、木棺に蓋をした段階で、棺蓋や棺の裏込め土の上に割ってばらまいている。**図56**は、三坂神社墳墓群の小型の木棺墓の足元側に、破砕した甕をばらまいてある状況である。

後期中葉近くになると、左坂一五号墓などでは、墓壙内には甕を、墓壙上には高杯・器台・

コーヒーカップ形土器などを供献しているように、調理具である甕のみを墓壙内に破砕供献し、飲食容器である高杯・器台などは墓壙上で破砕供献するようになる。なお、墓壙内からみつかる破砕土器は、全破片がそろっているわけではなく、その残存率は九〇～六〇パーセント程度だ。葬送儀礼にあたり、破砕した土器の一部を持ち帰るなどしたと推定できる。

　そして後期中葉をすぎると、さらに墓壙上の土器供献儀礼が増えるなかで、墓壙内には甕のみをばらまくようになる。大風呂南墳墓群の事例や後述する後期末の赤坂今井墳墓などの首長墓では墓壙内破砕土器供献を実施しているが、赤坂今井墳墓と同時期の帯城《おびしろ》墳墓群ではその出現率はきわめて低い。また、供献する破片数も少なくなり、甕の口縁部付近に限られてくる。古墳時代前期の墳墓にも数例だが墓壙内破砕土器供献が実施されている。

　図57は、墓壙内破砕土器供献をおこなっている墳墓の分布を示したものである。北近畿の弥生時代後期墳墓においては、ほぼすべての墳墓群で確認できる。

　一方、北近畿以外では三例ある。後期前葉の事例として大阪府高槻市の古曽部《こそべ》遺跡の土壙墓、

図56● 小型の木棺墓での土器供献
墓壙内破砕土器供献は、弥生時代後期前葉のほとんどの木棺墓で、木棺の大小にかかわらずおこなわれている。

後期後葉の事例として福井市の小羽山《おばやま》墳墓群、深くて大きな墓壙に舟底状木棺を納めた新潟県長岡市屋鋪塚《やしきづか》遺跡の二遺跡がある。これらの被葬者は、北近畿と深いかかわりをもった人物と考えてよいだろう。

つづく造墓活動と変化する土器供献儀礼

先に紹介した左坂墳墓群は、総数二〇〇余基の弥生時代墳墓および古墳からなる丹後地域最大の左坂古墳群の北西の一角、G支群にある（図58）。弥生時代中期末から後期中葉まで継続的に営まれた墳墓群であり、調査対象地内から一九墳墓（埋葬空間）から一四八基の埋葬施設がみつかった。この墳墓群をとおして、墓制の変容をみてみよう。

中期末ごろに造墓活動を開始する一八号墓では、小児棺を含む大小六基の墓壙に組み合わせ式木棺をすえおき「墓壙内破砕土器供献」をおこなっていたが、副葬品はなかった。墳丘上の埋葬施設は

図57 ● 墓壙内破砕土器供献をおこなっている墳墓の分布
その分布は北近畿の文化圏を示す。大阪府高槻市、福井県福井市、新潟県長岡市の例は、人的交流の証だろうか。

一度に築いたものではなく、まず最初に墳丘の中心近くに埋葬施設を営み、一世代ほど遅れて周辺埋葬を設置する傾向にある。

後期初頭に位置づけられる一七号墓などでは、鉄鏃や玉類の副葬がはじまる（図59）。

そして後期中葉になると、造墓活動が一号墳下層墓、一四―一号墓、一四―二号墓、一五号墓、二四―一号墓、二四―二号墓、二五号墓、二六号墓など東丘陵南尾根で爆発的に展開する。

副葬品は質・量ともにこの時期がもっとも充実し、一号墳下層第五主体、二六号墓第二主体部では鉄刀などが、二四―一号墓第九主体部、二六号墓第一主体部にはガラス勾玉が副葬される。

埋葬施設一四八基の内訳は、木棺墓一一四、土壙墓二八、土器棺墓二、構造不明四である。木棺墓は、小児棺と思われる小型のものを含む。埋葬施設としては、もっとも古い一八号墓第六主体部が最大で、木棺規模で長さ二・六九メートル、幅

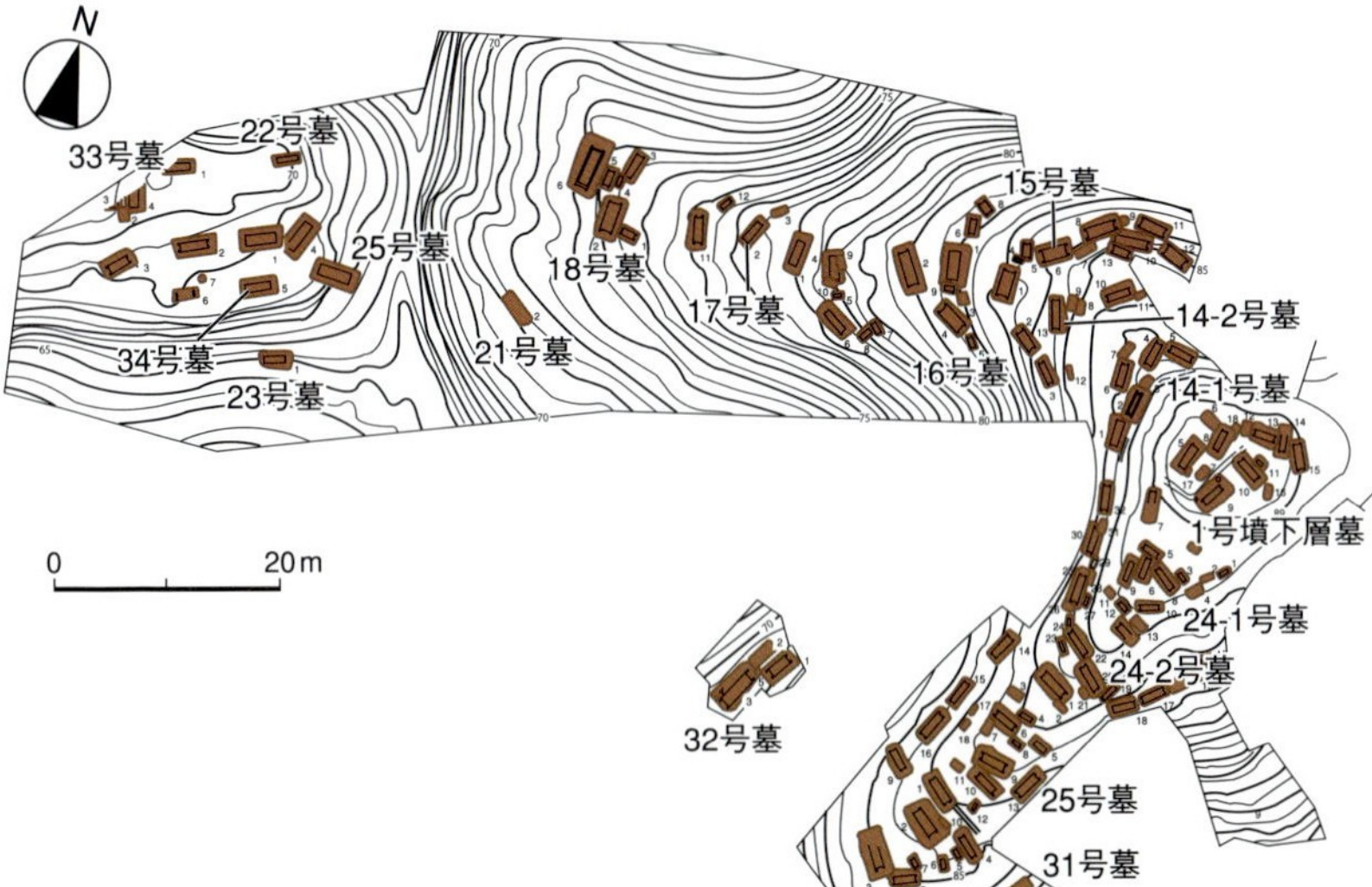

図58 ● 北近畿最大の弥生墳墓、左坂墳墓群
丹後最大の弥生墳墓群。148の埋葬施設に群を抜いて大きな規模のものがないことが特徴。

〇・八九メートルだが、多くの成人木棺は長さ一・八メートル前後、幅〇・六メートル前後で、突出する埋葬施設はなく、すべて組み合わせ式木棺であることが特徴的である。

後期の前葉までは墓壙内破砕土器供献をほぼすべての木棺墓でおこなっているが、中葉になると墓壙内破砕土器供献するのは甕だけになり、墓壙上での壺や高杯の供献が目立つようになる（図60）。

副葬品をもつ埋葬施設は木棺墓六二基、土壙墓一基の計六三基である。多くが成人棺であるが、二四―一号墓第九主体部の小児木棺では、勾玉四点、ガラス小玉三四三点、やりがんな一点が出土している。墳墓群全体の副葬品の総数は、先に述べたとおりである（六二頁参照）。

赤色顔料が棺内から出土した埋葬施設は、木棺墓三八基、土壙墓一基の計三九の埋葬施設である。分析の結果、多くが水銀朱であるがベンガラも含

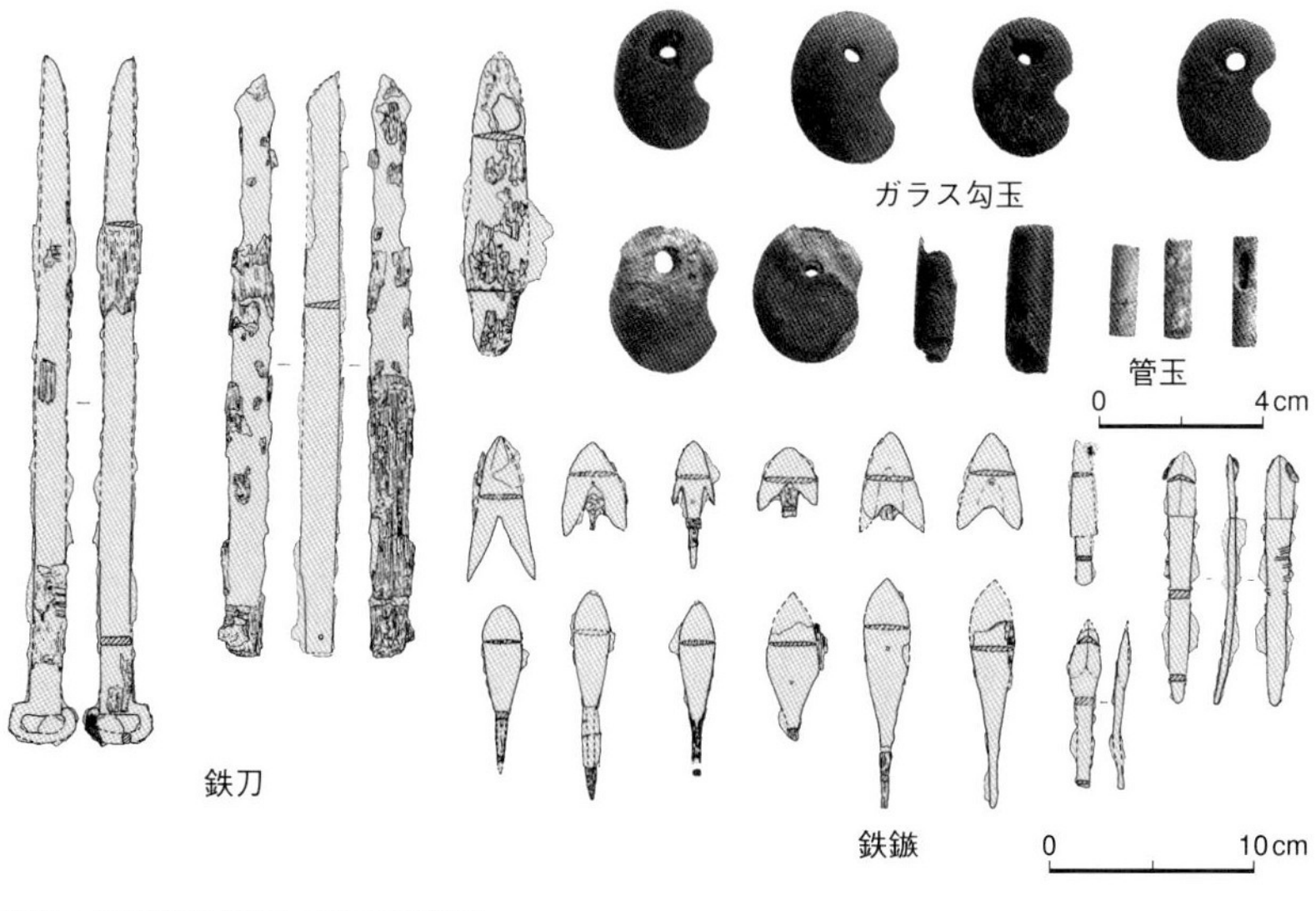

図59 ● 左坂墳墓群出土の主な副葬品
特異な形状のガラス勾玉は、丹後で加工された可能性が高い。左の鉄刀2本は大陸製。

まれることがわかっている。副葬品が多いなかに、傑出した埋葬施設がないことから王に仕える有力集団の姿が浮かぶ。

供献される河内産の壺と舟底状木棺の出現

つぎに弥生時代後期中葉の墳墓をみていこう。京丹後市丹後町の大山墳墓群は、六基の台状墓とその周辺埋葬からなる後期中葉ごろの墳墓群である（図61）。丘陵尾根上の方形台状墓四基（三〜六号墓）で同時に造墓活動がはじまり、それぞれの周辺埋葬施設、尾根先端の台状墓（七・八号墓）、丘陵斜面の周辺主体へと広がっていく。

みつかった埋葬施設は木棺墓三三基、土壙墓五基、土器棺墓九基の計四七施設である。成人木棺は二一基で、土壙墓を小児に、土器棺墓を乳幼児とすると、ここでも成人と子どもの数はほぼ一対一である。

副葬品をもつ木棺墓はほぼ半数の一六である。副葬品の総量は、武器として鉄鏃三点、銅鏃一点、工

図60 ● 左坂墳墓群出土の弥生土器
京都府埋蔵文化財調査研究センターの調査で出土した弥生土器。
後期前葉までは、多くの器種が破砕土器供献されている。

具としてやりがんな九点、刀子一点で、装身具としては、ガラス勾玉三点以上、ガラス管玉一四点、ガラス小玉二七〇点以上、碧玉管玉三〇点以上である。大型の鉄製武器をもつ被葬者はいない。

木棺墓三三基のうち、二〇基で墓壙内破砕土器供献をおこない、そのうち六基で墓壙上供献もおこなっていた。墓壙上供献のみおこなう木棺墓も七基である。三号墓第一主体部の墓壙上には三つの壺を供献していたが、このうち器高六〇センチ、胴部最大径五〇センチの大型の壺は、河内地方からもちこまれたものであった。

河内産の壺は、京丹後市弥栄《やさか》町の古天王《ふるてんのう》五号墓からも出土している。古天王五号墓は丘陵先端部を階段状に整形し、山側と先端に溝を設けて区画した九・八×一一・三メートル規模の台状墓で、埋葬施設は木棺墓一〇基、土器棺墓三基、不明一基の計一四基である（図62）。

墳丘中央部に設置された第一主体部には舟底状木棺を採用し、棺内右手に鉄剣を副葬していた。三坂神社三号墓では左腰に刀を差していたのが、右手に握られた剣に変わっている。甕を墓壙内破砕土器供献し、壺三、甕、台付鉢、コーヒーカップ形土器、

図61●京丹後市の大山墳墓群
北近畿での最初の大規模な弥生墳墓の調査（1981年）。後期中葉ごろの台状墓6基から47基の埋葬施設がみつかった。

高杯などを墓壙上に供献していた。ここでも河内産の大型壺（図62右）が出土している。河内からどのような特産品を壺のなかに入れて運んできて墓に供えたのであろうか。

大風呂南一号墓の誕生は、この直後である。

精美な墳丘の成立と被葬者集団の変化

後期後葉になると墳丘の形にも変化がみられる。京丹後市の浅後谷南《あさごだにみなみ》墳墓は、浅後谷南城跡の下層からみつかった方形志向の強い台状墓である（図63）。墳頂部平坦面はほぼ二〇メートル四方で、墳頂部から四メートルほど下ったところに帯状に幅二メートルの平坦面がめぐる。調査時は認識できなかったが、その後調査した赤坂今井墳墓の例をみると、ここが墳丘裾部にあたる。

墳丘規模は東西三〇メートル、南北二五メートル、高さ四メートルと推定できる。墳丘裾の平坦面も一部調査したが関連遺構はみつかっていない。

図62●京丹後市の古天王５号墓と供えられた河内産の大型壺
古天王５号墓の中心埋葬施設の墓壙上に供献されていた。

囲場整備によって失われたのはこの部分だけだが、丘陵上方には同規模の平坦面が四つあり、五基からなる墳墓群である可能性が高い。

墳頂部からは成人木棺八基と小児用の土壙墓一基がみつかった。小児用の土壙墓の割合が少なく、子どもが被葬者から除外される傾向にあるといえよう。中心埋葬を含む四基でくり抜き式の舟底状木棺を採用し、残りの四基は組み合わせ式の箱形木棺であった。中心埋葬施設の墓壙は、長さ六・五メートル、幅四・三メートル、深さ一・七メートルである（図64）。木棺を据える部分を一段掘り下げた二段墓壙である。

舟底状木棺は全長四・〇メートル、幅一・五五メートルで、大風呂南一号墓第一主体部とほぼ同規模である。また、棺内中央には大風呂南一号墓同様に長さ二・二メートル、幅四〇〜六〇センチの長方形状に朱が堆積していた。

棺内の頭部付近からはガラス勾玉五点・同小玉

図64 ● 浅後谷南墳墓の中心埋葬施設
大風呂南１号墓第１主体部同様、舟底状木棺の内部に長方形の朱の堆積がみえる。

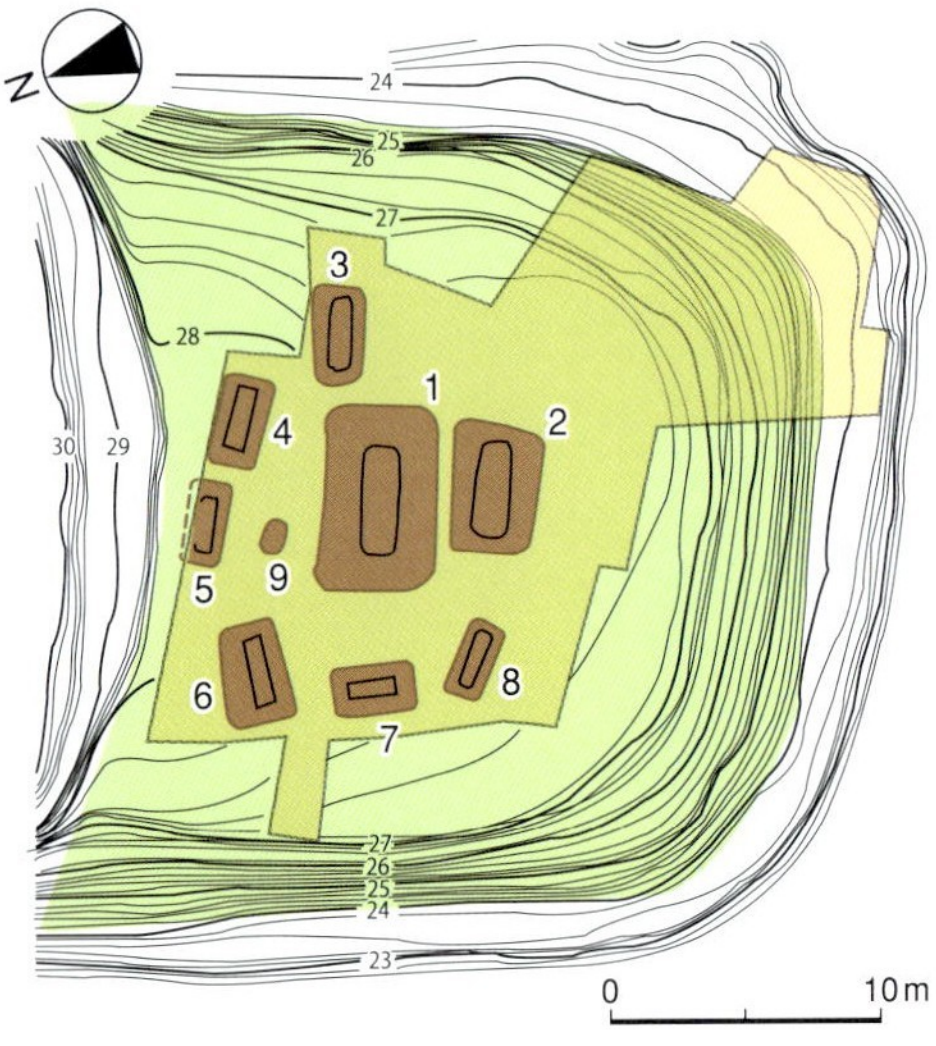

図63 ● 京丹後市の浅後谷南墳墓
墳丘裾部には、幅2mほどの平坦面がめぐる。墳頂部からは成人木棺８基と小児用の土壙墓１基がみつかった。

四〇〇点以上からなる装身具があり、三坂神社三号墓や後述する赤坂今井墳墓と同じく頭飾りを構成していた可能性がある。頭部右には三坂神社三号墓以来のやりがんなが配置され、被葬者の右側面には棺外ではあるが大風呂南一号墓同様、鉄剣二本が副葬されていた。甕一点が墓壙内破砕土器供献されていた。

第二主体部の棺内からは鉄剣二本が、第四主体部からはガラス勾玉一点が、第六主体部からは短剣一本が出土している。

墓壙内破砕土器供献は木棺墓八基のうち七基でおこなっていた。しかし、甕、壺などの口縁部を中心とした破片の一部をばらまくにすぎず、儀礼の形骸化がうかがえる。中世の山城造営やその後の開墾により失われたのか、墓壙上の土器供献の有無は確認できていない。

京丹後市峰山町の金谷《かなや》一号墓も方形を志向した墳丘裾にテラスをもつ墳墓である（**図65**）。出土土器から浅後谷南墳墓にやや後出する後期後葉から末葉の墳墓で、単独墓の可能性が高い。

東西一五メートル、南北一三メートル、高さ二メートルの方形墳丘をもち、東西九メートル、

図65 ● 京丹後市の金谷1号墓
浅後谷南墳墓と異なり、墳丘裾の平坦面に埋葬施設が営まれている。

南北一〇メートルの墳頂部には四基のくり抜き式の舟底状木棺と四基の組み合わせ式の箱形木棺を築いている。

墳丘裾には幅三メートルのテラスがめぐり、南テラスには土器棺を含む六基の埋葬施設が、西辺には三基の埋葬施設が配置されていた。東辺については、崩落したのかテラスは存在しない。土器棺を除く一六基すべての埋葬施設が成人棺と考えられ、一つの土器棺を除きここでも子どもを排除している。

最初に築いた最大の埋葬施設である中心埋葬施設（第一主体部）では、全長三・九メートルの舟底状木棺内の頭部推定位置に水銀朱が残っていたのみで、副葬品はなかった。墳頂部に副葬品をもつ埋葬施設は、左手に鉄剣をもつ第五主体部と第六主体部および頭部付近からガラスと緑色凝灰岩からなる多数の玉類が、両腕付近から鉄製の小型円環が出土した第三主体部の三基である。

小型円環は中部高地から南関東に分布する螺旋形鉄釧の再加工品と考えられ、豊岡市の鎌《かま》田《た》若宮《わかみや》三号墓などでも出土している。墳丘テラスの埋葬施設四基に副葬品が

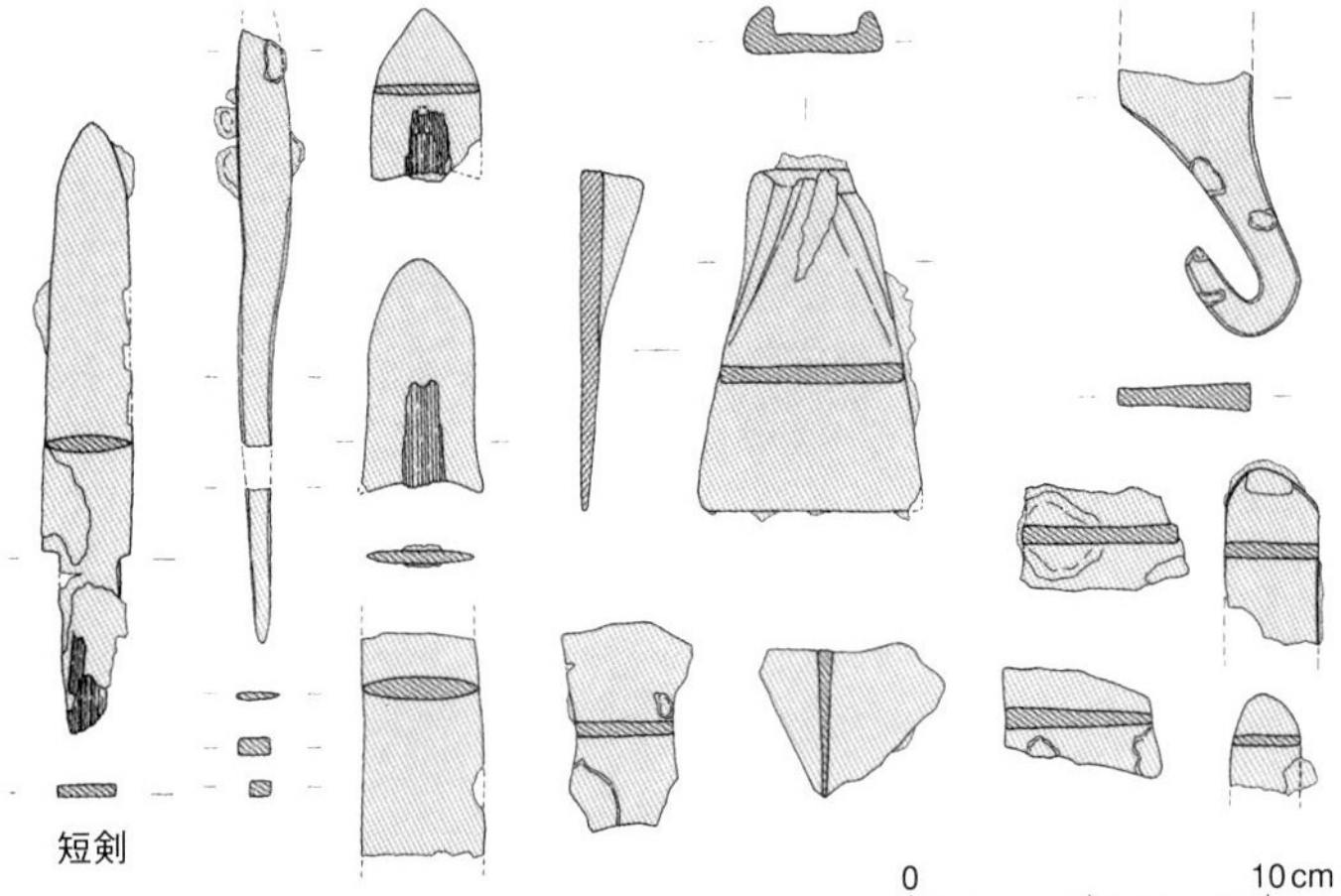

図66●金谷1号墓第10主体部出土の鉄製品
鉄剣を除く12点の鉄製品は墓壙上から出土した。端切れのようなものを含む。鉄生産を象徴しているのだろうか。

ある。第一〇主体部は、棺内頭部の右側に短剣を副葬し、墓壙上に素環頭刀子や鉄鏃など端切れを含む一二点の鉄製品を供献していた（図66）。墓上のこれらの鉄製品の端切れは鉄生産を象徴するものであろうか。

第一一主体部では、ひすい勾玉・滑石勾玉・ガラス小玉および碧玉管玉からなる装身具が出土した。副葬品の保有率などでは、墳頂部とテラスのあいだに階層差は認められない。墓壙内破砕土器供献は、墳頂部の埋葬施設ではおこなわれておらず、テラスの木棺墓三基でおこなわれている。

与謝野町の西谷二号墓では、埋葬施設の背後に祭壇が設置されたようで、二つの小ピットがみつかり、そのあいだと墓壙上から一三点の後期後葉の土器が出土した（図67）。いずれも精緻な祭祀用に製作された精製土器で、小壺には朱が残されていた。墓壙上での土器供献儀礼の好例といえよう。

子どもが墳丘上から意図的に排除される墳墓がある一方で、前代の家族墓的な様相を残す墳墓に、左坂墳墓群

図67 ● 与謝野町の西谷2号墓の墳丘上に供献された土器群
墓壙の背後から2つの柱穴がみつかり、その間から朱壺を含む11点の土器が出土した。祭壇に供えられた土器群であろうか。

に隣接する後期後葉から末葉の帯城墳墓群がある。

B支群と呼ぶ地区では、中世城館の郭の下層から大小二三基の埋葬施設がみつかった（図68）。埋葬施設の配置から北群の一七基と南群の六基に分けることができる。

北群では、鉄剣を副葬する第一主体部を囲む形で埋葬施設が配置された。調査時には気づかなかったが、木棺には舟底状木棺と箱形の組み合わせ式木棺があったようだ。北群には成人木棺が五基、小児用木棺六基、同土壙墓五基、同土器棺墓が一基ある。副葬品をもつのは第一主体部のみで、第一五主体部のみ墓壙内破砕土器供献がおこなわれていた。墓上の土器供献も明らかでなく、第一主体部で墓壙上から鉢が出土したのみである。

南群は、成人木棺四基と小児用木棺二基から構成される。第一主体部、第二主体部から鉄剣が、第四主体部から鉄剣とやりがんなが出土した。供献土器は出土していない。ひとつの墳丘として復元すると、南北二六メートル、東西一三メートルほどの長方形墳墓に復元される。南群・北群を総計すると、大人九人と子ども一四人が葬られている。その様相は後期前葉の三坂神社墳墓群などに共通し、親族墓的な様相を色濃く残す。

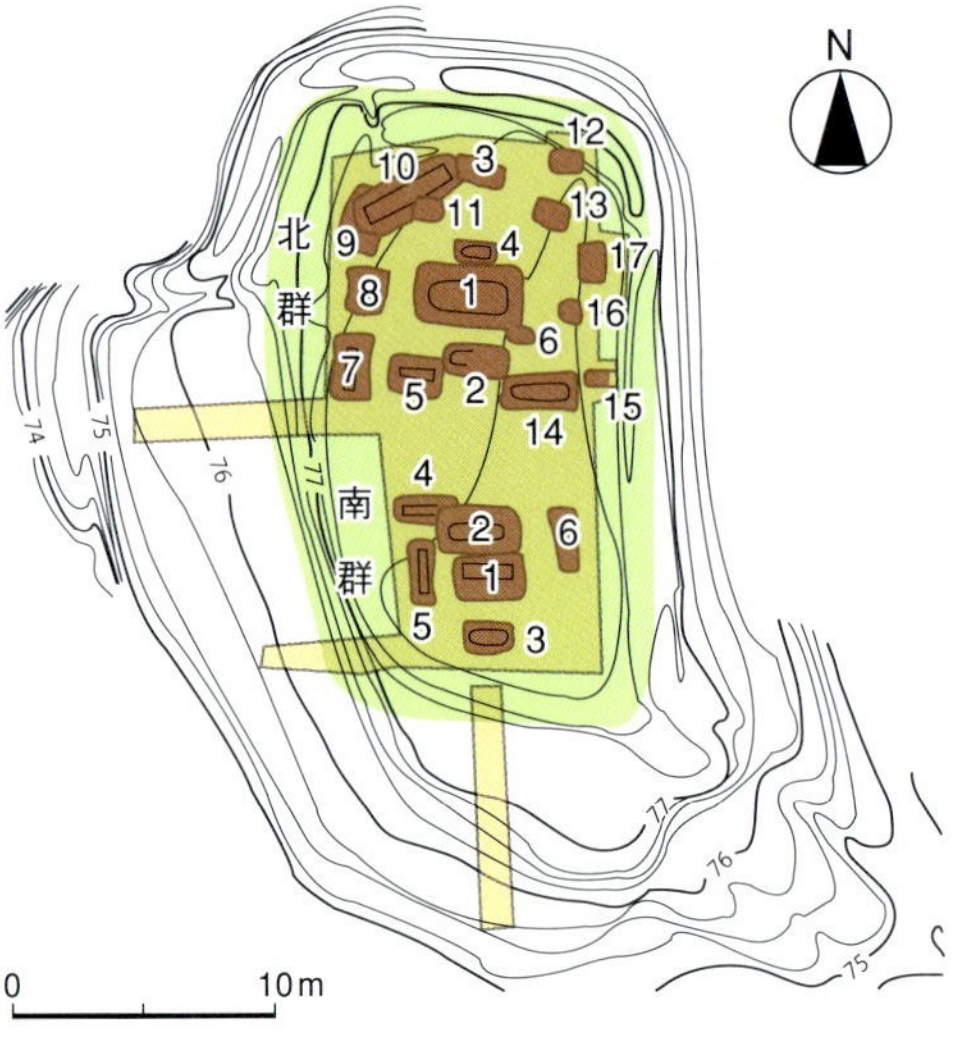

図68 ● 京丹後市の帯城墳墓群B支群
大人９人と子ども14人が埋葬された後期前葉の三坂神社墳墓群などに共通する後期後葉の親族墓と推定される。

4　最後の弥生王墓

赤坂今井墳墓の発見

かつての丹波郡の中心とされる峰山町丹波から、北西に四キロほど谷を遡った竹野川の支流と福田川の支流の分水嶺近くに、赤坂今井墳墓がある。峰山・網野間を結ぶ交通の要所ではあるが、市街地ははるか遠く望むことはできないところである。

赤坂今井墳墓は、府道網野峰山線の歩道設置工事にともなう発掘調査により偶然発見された（図69）。一九九七年に同僚の府教育庁文化財保護課の細川康晴さんの案内で、分布調査を兼ねて現地を訪れたが、そのときは丹後にも小さいながらこんな方形単槨の城館（今井城跡）があるのだと感心したものであった。府内では、南山城の学研都市の開発地区内で保存地区となった六〇メートル×四五メートルの方形短郭の木津城を見ており、思わず比較したものだった。なお、こちらの方は、工事計画では墳丘の北側半分が道路の法面となる予定だった。

財団法人京都府埋蔵文化財調査研究センターによる第一次調査は、今井城跡の性格を確認するために実施したものであったが、予想に反して中世山城の遺構としては小規模な建物や柵列が検出されるのみで、むしろ下層に弥生墳墓にかかわる遺構が存在することが判明した。そしてその後の調査で、方形墳丘の中心部に非常に大きな埋葬施設が存在すること、中世の山城遺構は弥生時代後期の大型の墳墓を再利用して構築されていることが明らかになった。この段階で、遺跡が古代丹後を代表する弥生王墓であると想定されたのである。

巨大な方形の墳丘

赤坂今井墳墓は、西側の墳丘の一部が後世に改変を受けているものの、ほぼ当時の姿を伝える北近畿最大の弥生墳墓（墳丘墓）である（図70）。墳丘は南北三九メートル、東西三六メートル、高さ三・五メートルで、ほぼ正方形に近いきれいな形をしている。墳頂部平坦面は広く、南北約二七メートル、東西約二五メートルある。墳丘裾部には、四方に五〜九メートルの平坦面をもつ。とくに西側平坦面は幅九メートルあったことが確認されている。これら平坦面を含めた墓域は南北五一メートル、東西四五メートルとされている。丘陵先端部を利用して、丘陵の背後（西側）を大きく切断し、その切断にともなう土で墳丘を方形に盛土したものである。墳丘東側の盛土高さは一・七メートルに達した。墳丘裾部の平坦面には、各辺に埋葬施設が営まれていた。

墳頂部に埋葬施設を六基確認している。墳裾部は部分的にしか調査していないが、一九

図69 ● 京丹後市の赤坂今井墳墓（南側上空から）
北近畿最後の弥生王墓。南北39m、東西36m、高さ3.5mの堂々たる方形の墳丘墓である。

基の埋葬施設が確認されている。墳頂部の埋葬施設はいずれも成人木棺墓で、墳裾の埋葬施設には大小の木棺墓、土壙墓および土器棺墓がある。弥生時代後期末葉に至って、ついに、墳頂部には成人しか葬ることができなくなったのである。

墳頂部の埋葬施設については、第五・第六埋葬を除く四つの埋葬施設（第一〜第四埋葬）を調査した。第三埋葬が箱形の組み合わせ式木棺であったが、第一・二・四埋葬はくり抜き式の舟底状木棺を使用していた。墓壙内破砕土器供献をおこなっていたのは甕の口縁部が出土した第四埋葬だけである。第三埋葬では、破砕せずに甕を棺外に供献していた。墳裾部でも墓壙内破砕土器供献を確認したのは第一二周辺埋葬の一例のみであった。

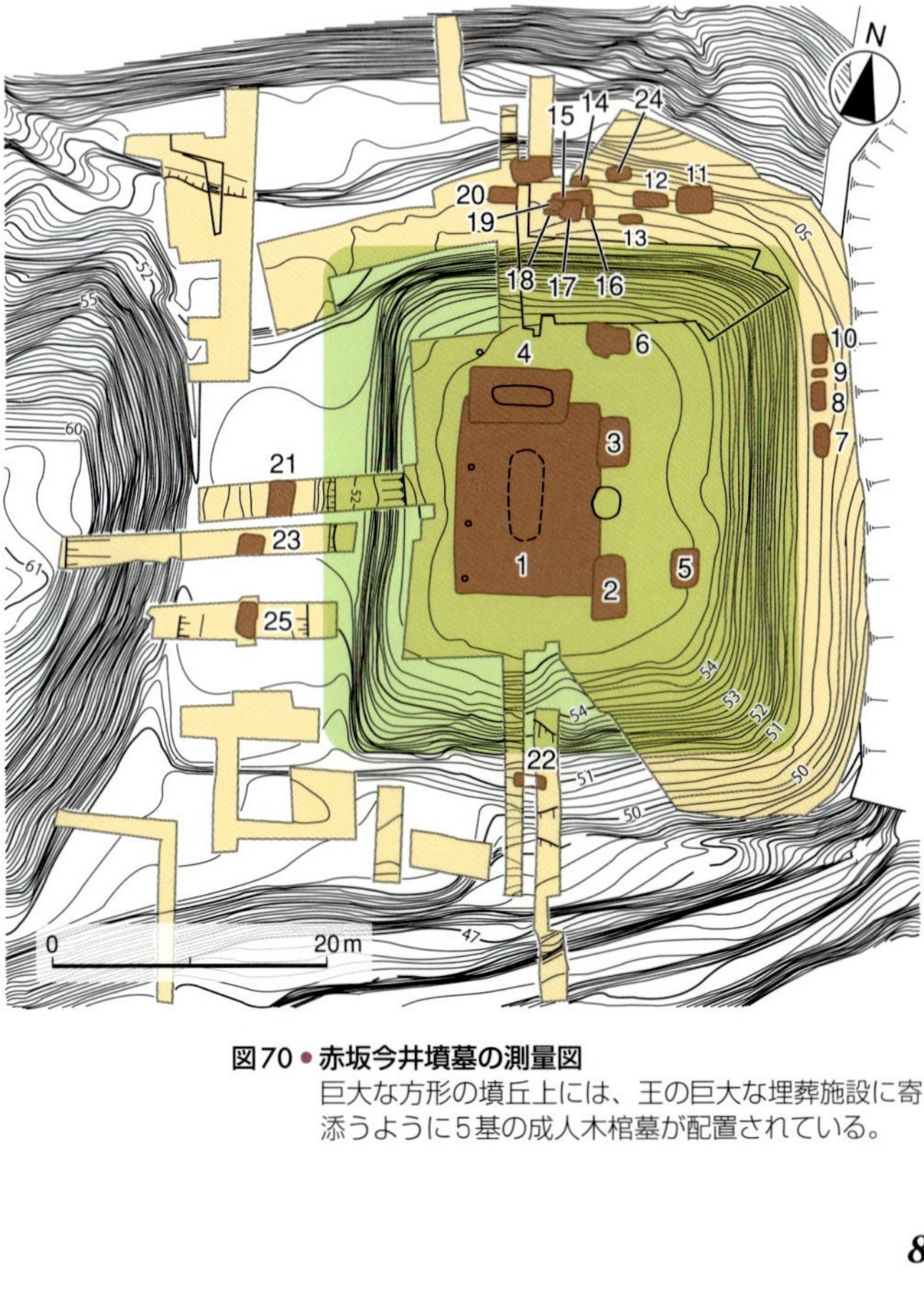

図70 ● 赤坂今井墳墓の測量図
巨大な方形の墳丘上には、王の巨大な埋葬施設に寄り添うように5基の成人木棺墓が配置されている。

墓壙上の儀礼の変化

墳頂部の調査でまず目についたのは、大型の埋葬施設である第一埋葬および第四埋葬の木棺の腐朽にともなう陥没坑に、腐植土とともに落ち込んでいた円礫と土器片であった（図71）。

円礫は大風呂南と同様のものだが、第一埋葬から約三〇〇個が、第四埋葬で一四六個が出土した。その量は大風呂南での使用量の比ではない。第一埋葬ではその円礫の上に破砕した壺、高杯等が六九個体分、第四埋葬で九個体出土したと報告されている。大風呂南一・二号墓にくらべて墓壙上での土器供献の様子も大きくさま変わりしてきたことがわかる。なお、六九個体の土器のなかには、北近畿の在地の土器以外に、北陸、播磨、そして近江以東と考えられる土器が含まれていた。

想像を絶する大きさの埋葬施設

墳丘の中央部からやや西寄りに築かれた中心埋葬施設は、墓壙長一四メートル、幅一〇・五メートル、深さ二メートルもある（図72）。弥生墳墓の埋葬施設としては、全国最大である。

木棺内の調査は後世にゆだねることとして、この中心

図71 ● 巨大な第1埋葬の陥没坑内の円礫
木棺の陥没坑から多数の土器片と円礫が出土した。現地説明会当日は全国から多くの考古学ファンが訪れた。

埋葬施設については木棺の輪郭を押さえたところで調査を終了している。墓壙底に南北方向に主軸をおいて据えられた木棺は、全長約七メートル、幅約二メートルの舟底状木棺と推定される。埋葬にあたっては、舟底状木棺を墓壙底に安置し、墓壙をていねいに埋め戻し、木棺の直上にあたる部分に三〇〇個の円礫を敷き、その上で六九個体の土器を細かく割るという儀式がおこなわれたと想像できる。葬儀にあたっては、墓壙上西側に四メートル間隔で五本の巨大な木柱が建てられた。

第一埋葬からしばらくして、第四埋葬が営まれる（**図73**）。第四埋葬は、第一埋葬との親密な関係を示すかのように、第一埋葬と一部重なるように設置されていた。

墓壙の規模は、中心埋葬にくらべると小型だが、大風呂南一号墓の第一主体部とほぼ同規模の、東西方向に主軸をもつ墓壙長七メートル、

図72 ● 巨大な赤坂今井墳墓（北上空から）
墳頂部奥よりに中心埋葬は営まれた。その背後には5本の立柱があり、墓壙の前面には葬儀空間がある。

幅四・二メートル、深さ一・八メートルという大きなものである。

墓壙底から全長四・四メートル、幅一・三メートルの舟底状木棺が出土した。大風呂南一号墓同様、棺底中央部がほぼ長方形の範囲で朱が出土していることから、その範囲が舟底状木棺のくり抜き部分であったことが推定できる。木棺内からは、頭飾りのほか、被葬者の右腕に沿うようにやりがんなと短い鉄剣が出土した。

宝石で飾られた頭飾りの出土

注目されるのは豪華な頭飾りである（図74）。被葬者の頭位に、ガラス勾玉、ガラス管玉、碧玉管玉を規則正しく三連に連ねたもので、外側の連はスカイブルーのガラス管玉五七点と大型のガラス勾玉一三点を使用している。勾玉と勾玉のあいだには四点もしくは五点の管玉を配する。中央の連はガラス製勾玉九点のあいだに管玉を四点ずつ計三九点配している。内側の連は細身のガラス管玉三九点以上と小型のガラス勾

図73 • 第４埋葬
第１埋葬を一部掘り込んで営まれた第４埋葬は、大風呂南１号墓の中心埋葬と同規模である。頭部から豪華な頭飾りが出土した。

玉三点から構成される。部材が細いためか三連のなかでもっとも残りが悪い。報告者は周辺の有機質の存在から、布製のヘアバンドに玉類を編み込んだ頭飾りを想定している。

内側の連の下端付近から対になって、碧玉製管玉を横六・縦四列に簾状に配し、その先端にガラス勾玉をつけた装身具が出土している。耳飾りである垂れ飾り具と報告されているが、三坂神社三号墓の例から頭飾りに付属した垂れ飾りとも考えられる。なお、頭飾りは切りとり保存されており、京丹後市丹後古代の里資料館で目のあたりにすることができる。

弥生時代後期は、各地で独自の文化が成長し地域国家が誕生する時期で、赤坂今井墳墓は、出雲市西谷三号墓、倉敷市楯築《たてつき》遺跡、鳥取市西桂見《にしかつらみ》墳丘墓などとともに地域国家を代表する最大規模の弥生墳墓（墳丘墓）である。いずれも各地域が政治的に大きなまとまりをもち、その首長の墓、いわゆる王墓として成立したものであろう。

赤坂今井墳墓は、北近畿で、後期初頭に新たな墓制の基盤となった新しい文化・経済圏のもとに誕生した三坂神社三号墓の初代王墓から大風呂南一号墓を経て、後期末葉に最後の王墓と

図74 ● 豪華な頭飾り
3連のガラス勾玉、ガラス管玉、碧玉管玉からなる弥生時代でもっとも豪華な頭飾り。王を支えた王妃が眠るのか。

して営まれたものであろう。各地の特色を示す土器が出土していることから、その葬列には、山陰、北陸、東海など多くのクニから弔問客が訪れたに違いない（図75）。

ここまで見てきたのは、魏志倭人伝に記された「旧百余国」の時代から今使訳を通じること三十国とされる邪馬台国の時代にかけての北近畿の墳墓である。墳墓の分析から、弥生時代後期の期間を通じて、墓制を同じくする「北近畿」にあった地域国家が、おそらく「鉄」や「玉」の交易をもとに成長していく様子を読み解くことができるのである。

そこには、埋葬施設・副葬品の内容において、他の墳墓を圧倒する三坂神社三号墓、大風呂南一号墓、そして赤坂今井墳墓という王墓の存在があり、王墓以外の大小の墳墓においても多数の鉄製武器・武具類と装身具が出土することから、この北近畿の「クニ」が富の行きわたった豊かなクニであったことを教えてくれる。

図75 ● 墳丘上でおこなわれる壮大な葬儀（早川和子画）
参列者は、北陸、東海、山陰から訪れたのであろうか。
５本の巨大な立柱は何を象徴するものなのか。

第5章　東アジアのなかの北近畿

1　中国の歴史書が語る倭のクニグニと北近畿

中国の歴史書は、弥生時代の日本列島（倭）の様子を伝えている。『漢書』地理志には「楽浪海中、倭人あり、分かれて百余国となる。歳時をもって来たり献見すと云う」と記載されており、弥生時代中期に、倭には一〇〇ほどの小国があり楽浪郡に朝貢していたことがわかる。

このころ、方形貼石墓を築く丹後は一〇〇の小国の一つであったにちがいない。日本海側の出雲と北近畿で出現する方形貼石墓は、楽浪郡へむかう使者が朝鮮半島部でみかけた墳墓に影響を受けたものとは考えられないであろうか。近年、朝鮮半島南部の発掘調査では、支石墓の周囲を貼石や立石あるいは石垣で飾った昌原市徳川里遺跡などが確認されつつあり、今後併行関係が明らかになることが期待される。

『後漢書』東夷伝には、「建武中元二年（西暦五七年）、倭の奴国、貢を奉じて朝賀す。使人自ら大夫と称す。倭国の極南界なり。光武、賜うに印綬を以ってす」とあり、弥生時代後期の初めころに、奴国が光武帝から印綬（その印は江戸時代に志賀島で発見された国宝「漢委奴國王」金印とされている）を受けているが、このころ丹後にも王（三坂神社三号墓第一〇主体部の被葬者）が誕生し、後漢から素環頭鉄刀などを得たと考えられる。しかしながら、丹後をはじめ北近畿では奴国がある九州北部のように銅鏡が出土することはないので、使者は楽浪郡どまりだったのかもしれない。『魏書』東夷伝倭人の条（魏志倭人伝）には「その国、もと男子を以って王となし、住まるところ七、八十年。倭国乱れ、相攻伐すること暦年」とある。後に成立した『後漢書』は、この時期を一四六年から一八九年に推定している。いわゆる倭国乱の時代であるが、北近畿ではこの時期に大風呂南墳墓が営まれて、つづく「すなわち共に一女子を立てて王となす。名付けて卑弥呼という」時期には、最後の王墓赤坂今井墳墓が築かれている。『魏書』にあるように「今使訳を通じる国三〇国」の一つとして魏に朝貢していたのであろう（図76）。

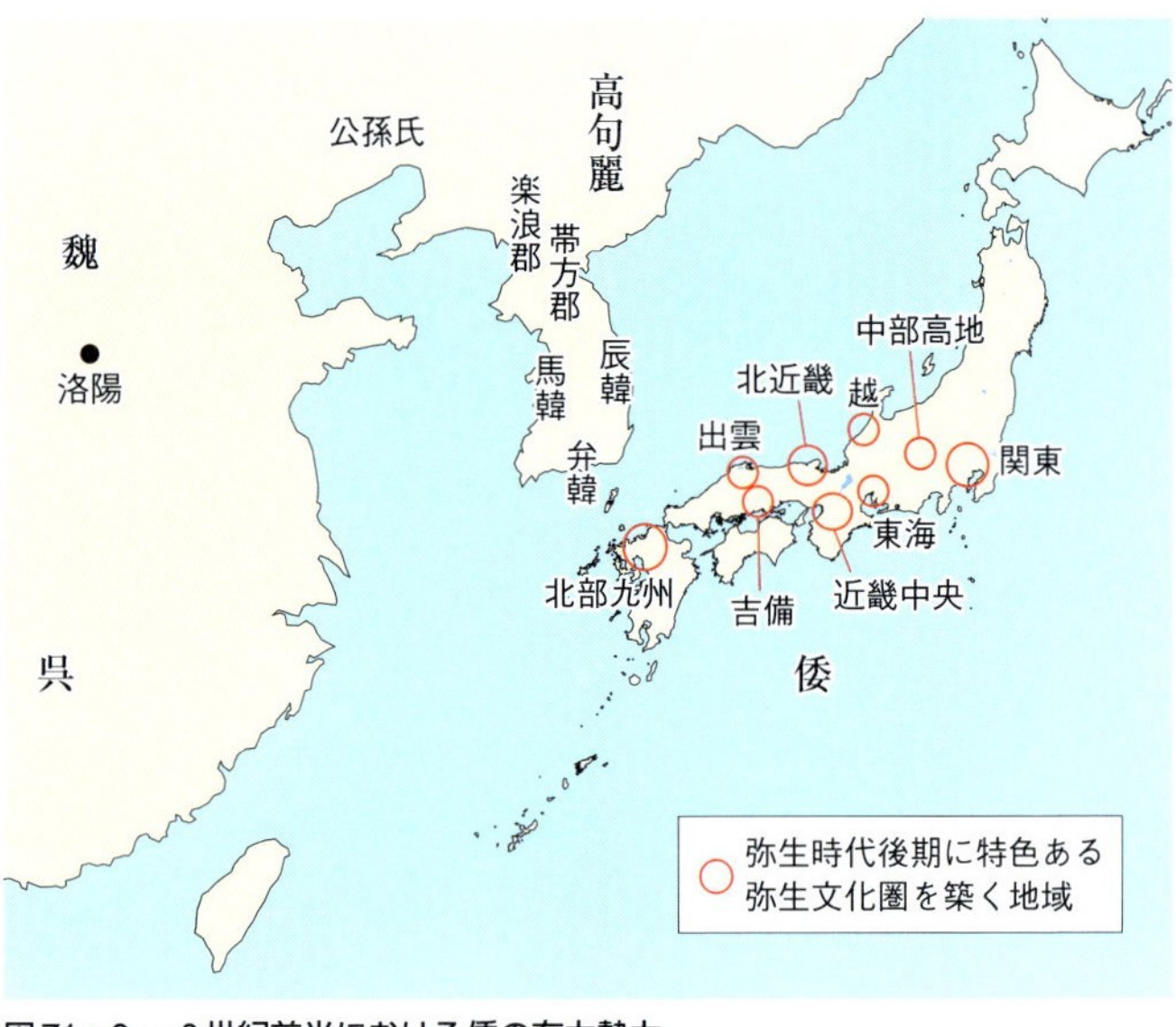

図76 ● 2～3世紀前半における倭の有力勢力
魏志倭人伝にはこのころ、30のクニが魏に朝貢していると記されている。30のクニはどこを指すのか。

北近畿をめぐるモノの流れ

三坂神社三号墓に突然出現した「王」は、何を契機に誕生したのであろうか。

京都府教育庁文化財保護課の福島孝行氏は、頭部右側へのやりがんなの副葬の風習は朝鮮半島南部の洛東江流域に求めることができるとする。先に述べたように素環頭鉄刀は、楽浪郡をへて入手したのであろうか。深い墓壙の出自も半島に求めることができる。中期後葉以来丹後で製作された水晶玉は、大和や讃岐、信濃へと運ばれているが、鉄を産する半島部への交換財の有力候補である。特徴的な墓壙内破砕土器供献は、ほぼ同時期の大阪府高槻市の古曽部遺跡にもみられ、丹後との関係が深い人物が葬られていることが考えられる。後期中葉以降、特徴的な土器供献はさらに北陸へと広がっている。大山墳墓群や古天王五号墓に供献された河内産の壺は、西は出雲、東は美濃まで移動しているが、河内の特産品をなかに詰めて運ばれてきたものと考えられる。このころ墓壙内破砕土器供献が変容し、墓壙上の土器供献が北近畿でも出現する。墓壙上への土器供献の儀礼は、後期初頭の鳥取県岩美町新井《にい》三《み》嶋谷《しまだに》墳丘墓が古く、後期の中ごろには丹後を経由して北陸まで波及している。

大風呂南墳墓群の墓壙上には、破砕土器とともに円礫が置かれていた。同様の円礫は、同時

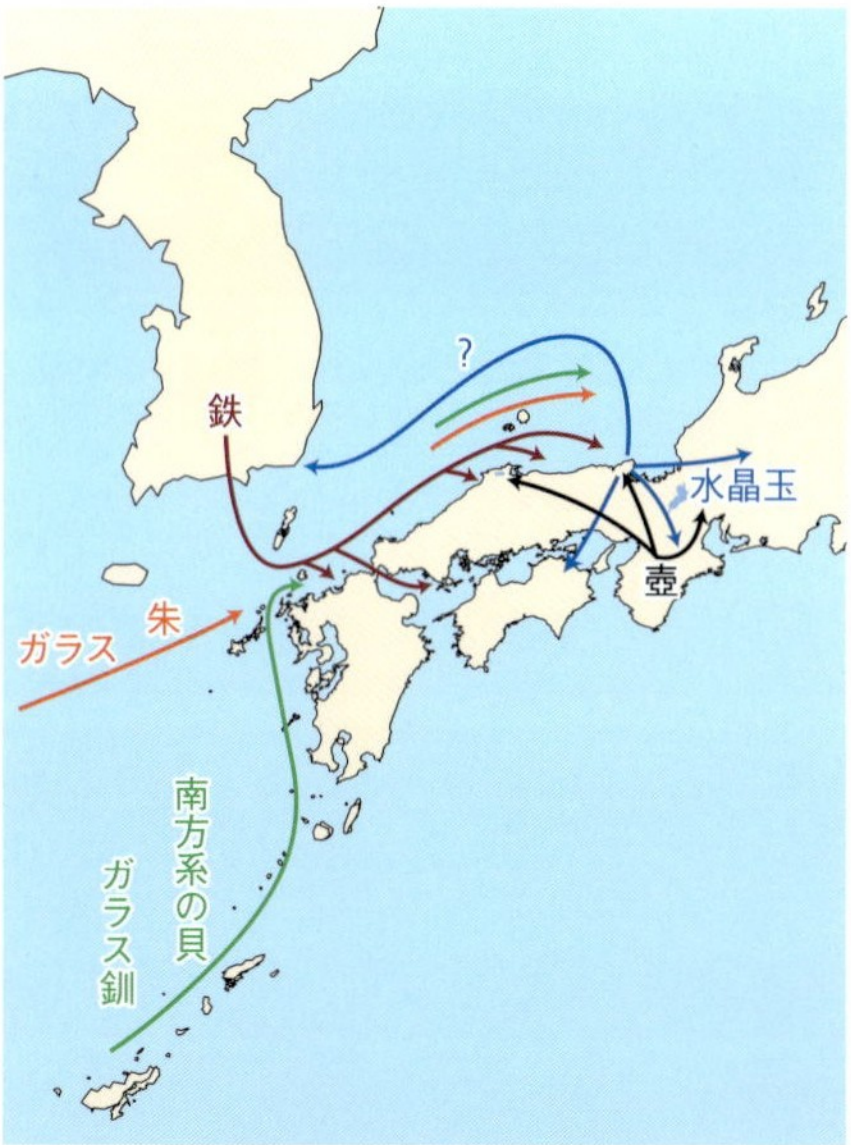

図77 ● 北近畿をめぐるモノの流れ
黒潮と対馬海流によって、日本海側へ多くの物資が運ばれてきた。

期の岡山県倉敷市の楯築遺跡にもみられる。円礫とともに破砕された土器が出土する状況も楯築遺跡によく似ている。一号墓出土のガラス釧は南海産のゴホウラ貝とともに南方経由のものであろうか。同様のガラス釧がベトナムから出土しており、より広い交流を考えることができる。また、一一本の鉄剣は半島部に倭人が鉄を求めるとの記事にあるとおり、半島部からもたらされた「鉄」にかかわる象徴であろう。銅釧は、九州北部とのかかわりが強いが、同形品が出土した東海とのかかわりも注目される。北陸系土器や東海系の土器も出土している。

後期末の赤坂今井墳墓は、精美な方形の墳丘である。大風呂南墳墓の時期には、出雲では四隅突出型墳丘墓が大型化しており、西谷三号墓では丹後系の土器も出土している。出雲で葬儀に参列した丹後の人が、赤坂今井の方形墳丘を築いたのであろうか。墓壙上から出土した土器には、北陸、東海、山陰、河内もしくは讃岐の土器がある。被葬者のさらに広い交流関係を示すものと考えられる。なお、第四埋葬の頭飾りに使用されたガラス製品からは、中国で流行する漢青《ハンブルー》と呼ばれる着色剤が含まれていた。楽浪郡経由もしくは後漢の首都洛陽のものとも考えられる。

列島内での北近畿の位置

後漢から魏の時代に並行する弥生時代後期は、九州から関東にかけての各地で、土器の文様や青銅製の祭具および墓制にそれぞれの特色があり、その範囲が独自の文化圏＝クニを示している可能性を想起させる。

末盧国、伊都国、奴国を含み半島や大陸に近い九州北部では、それぞれの地域で中期に引きつづき銅鏡をはじめとした副葬品豊かな王墓が築かれるが、墳丘は未発達である。一方、土器の口縁を飾る北陸、北近畿、出雲、吉備では、それぞれ独自の墓制を発展させ大型墓（墳丘墓）を築いていく。近畿中央部では、土器の無文化が進み、他の西日本の地域に遅れて三世紀になって大きな墳丘墓を築く。同じころ、東海、中部高地、関東でも地域色豊かな土器や青銅製品をつくり、独自の祭りや墓制を育んでいる。おそらく、それぞれの地域がクニとして発展する過程で半島や大陸との交易を求め、時に後漢や魏に朝貢していたと考えられる。

そうしたなかで北近畿最初の王である三坂神社墳墓群の被葬者は朝鮮半島と盛んに交流をはじめ、やがて東海や近畿中央部と大陸との中継地として交易を発展させる。つづく大風呂南墳墓や赤坂今井墳墓がつくられた二世紀から三世紀前半には列島内で優位な勢力に成長している。

2　大和王権誕生後の北近畿

三世紀の中ごろ、大和に前方後円墳を採用した大和王権が誕生すると、北近畿には多数の副葬品をともなう大型の墳墓はみられなくなる。代わって中郡盆地の北端の標高八四メートルの丘陵上に大田南古墳群が築かれる。二号墳は、古墳群中最高所に位置する二二×一八メートルの方墳もしくは四〇メートルほどの前方後方墳で、墳丘中央部に八・〇×三・六メートルの埋葬施設一基のみを配置する。埋葬施設は伝統的な舟底状木棺で、棺内からは中国製の龍鈕をもつ画文帯環状乳神獣鏡（図78）と鉄剣などが出土した。

五号墳は尾根を降った標高八二メートルに位置し、一八・八×一二・三メートルの長方形をしている。大小四基の埋葬施設があり、中心の第一主体部の組み合わせ式石棺から鉄刀一本と青龍三年（二三五）銘方格規矩四神鏡《ほうかくきくししんきょう》が出土した。副葬品に多量の鉄製品や玉類はなく、中国からもたらされた銅鏡が特徴的である。銅鏡は、従来の丹後独自ルートで入手したものではなく、おそらくは卑弥呼らの使節団とともに後漢や魏に朝貢して入手したものと考えられる。

弥生時代後期に朝鮮半島や大陸との交易を通じて誕生し、発展した北近畿の王は、大田南古墳群の時代になってようやく後漢や魏の首都洛陽まで赴き銅鏡を手に入れることができた。また、墳丘上には王一人のみが埋葬され、すでに大和王権を支える一人の首長となっている。以降、丹後半島には、王墓や盟主墳と呼べるものはみあたらない。このことは、大和王権が、瀬戸内・九州北部も勢力圏に納めるなかで、丹後を経由しない大陸への交易路を開いたことにより、北近畿の地理的優位性が低下したものと考えられている。百年あまり後の四世紀後半、北近畿はふたたび大陸への玄関口として栄えたようで、京丹後市網野銚子山《あみのちょうしやま》古墳・同神明山《しんめいやま》古墳など日本海側最大の二〇〇メートル級の前方後円墳が相次いで築かれることになる。

図78 • **大田南2号墳出土の画文帯環状乳神獣鏡**
後漢時代に製作された中国鏡。鈕に龍の浮彫が施された珍しい鏡。

参考文献

白数真也・肥後弘幸ほか　二〇〇三　『大風呂南墳墓群（岩滝町文化財調査報告書第一五集）』岩滝町教育委員会
小寺智津子　二〇一〇　「弥生時代のガラス釧とその副葬」『東京大学考古学研究室研究紀要』第二四号
平野裕子　二〇〇四　「東南アジアの古代ガラスから見た域内交流とその展開　鉄器時代を中心に」『GLASS』四七　日本ガラス工芸学会
近畿弥生の会編　二〇〇七　『考古学リーダー一〇　墓制から弥生社会を考える』六一書房
瀬戸谷晧編　一九八九　『駄坂・舟隠遺跡群（豊岡市文化財調査報告書二二）』豊岡市教育委員会
肥後弘幸　一九九二　「豊谷墳墓群」『埋蔵文化財発掘調査概報（一九九二）』京都府教育委員会
野島永・河野一隆　一九九七　「奈具岡遺跡（第七・八次）」『京都府遺跡調査概報第七六冊』（財）京都府埋蔵文化財調査研究センター
河野一隆　一九九五　「奈具墳墓群・奈具古墳群」『京都府遺跡調査概報第六五冊』（財）京都府埋蔵文化財調査研究センター
肥後弘幸ほか　一九八九　「志高遺跡」『京都府埋蔵文化財調査報告書第一二冊』（財）京都府埋蔵文化財調査研究センター
加藤晴彦ほか　二〇〇五　『日吉ヶ丘遺跡（加悦町文化財調査報告第三三集）』加悦町教育委員会
奥村清一郎ほか　一九八八　『寺岡遺跡（野田川町文化財調査報告第二集）』野田川町教育委員会
今田昇一・肥後弘幸ほか　一九九八　『三坂神社墳墓群・三坂神社裏古墳群・有明古墳群・有明横穴群（京都府大宮町文化財調査報告第一四集）』大宮町教育委員会
肥後弘幸　一九九四　「左坂墳墓群（左坂古墳群G支群）」『埋蔵文化財調査概要（一九九四）』京都府教育委員会
竹原一彦　一九九六　「左坂墳墓群・左坂古墳群・左坂横穴群」『京都府埋蔵文化財調査概報第七一冊』（財）京都府埋蔵文化財調査研究センター
今田昇一・肥後弘幸ほか　二〇〇一　『左坂古墳（墳墓）群G支群（大宮町文化財調査報告第二〇集）』大宮町教育委員会
橋本勝行　二〇〇一　『今市古墳群・墳墓群・経塚発掘調査概報（大宮町文化財調査報告第一九集）』大宮町教育委員会
平良泰久編　一九八三　『丹後大山墳墓群（京都府丹後町文化財調査報告第一集）』丹後町教育委員会
横島勝則・丸山次郎　二〇〇一　「古天王墳墓・古墳群」『弥栄町内遺跡発掘調査報告書（京都府弥栄町文化財調査報告第一九集）』弥栄町教育委員会
竹原一彦・河野一隆　一九九八　「浅後谷南城跡・浅後谷南墳墓」『京都府埋蔵文化財調査概報第八四冊』（財）京都府埋蔵文化財調査研究センター
石崎善久ほか　一九九五　「金谷古墳群（一号墓）発掘調査概要」『京都府埋蔵文化財発掘調査概報第六六冊』（財）京都府埋蔵文化財調査研究センター
岡田晃治・肥後弘幸ほか　一九八七　「帯城墳墓群Ⅱ」『埋蔵文化財発掘調査概報（一九八七）』京都府教育委員会
岡林峰夫・石崎善久ほか　二〇〇四　『赤坂今井墳丘墓発掘調査報告書（京都府峰山町埋蔵文化財調査報告書第二四集）』峰山町教育委員会
福島孝行　二〇〇一　「弥生墳墓におけるヤリガンナの副葬作法について（1）（2）」『京都府埋蔵文化財情報』第七八・八一号（財）京都府埋蔵文化財調査研究センター
京丹後市　二〇一〇　『京丹後市史資料編　京丹後市の考古資料』
京丹後市　二〇一二　『京丹後市史本文編　図説京丹後市の歴史』
広瀬和雄編　二〇〇〇　「丹後の弥生王墓と巨大古墳」『季刊考古学別冊』一〇　雄山閣
但馬考古学研究会編　二〇〇四　『台状墓の世界』但馬考古学研究会

京都府立丹後郷土資料館

京都府立　丹後郷土資料館

・宮津市字国分小字天王山６１１—１
・電話　０７７２（２７）０２３０
・開館時間　９：００〜16：30
・休館日　月曜（祝休日の場合は翌日）、年末年始（12月28日〜１月４日）
・料金　一般２００円、小中学生５０円
・交通　京都丹後鉄道宮豊線「天橋立駅」または「岩滝口駅」から丹海バス（経ヶ岬・蒲入・伊根方面行き）で「丹後郷土資料館」下車すぐ。車で、京都縦貫自動車道与謝天橋立ＩＣから10分、宮津天橋立ＩＣから25分

常設展示で丹後地域出土の考古遺物を展示しており、左坂墳墓群出土のガラス小玉・鉄製品・弥生土器や岩滝丸山古墳出土の銅鏡・銅鏃などを見学できる。資料館の前には、天橋立と阿蘇海をバックに丹後国分寺跡が広がる。

京丹後市立　丹後古代の里資料館

・京丹後市丹後町宮１０８
・電話　０７７２（７５）２４３１
・開館時間　９：30〜16：00
・休館日　火曜（祝日の場合は翌日）、年末年始
・料金　一般３００円、小中学生１５０円
・交通　京都丹後鉄道「峰山駅」下車、丹海バス（間人・経ヶ岬行き）で30分、「丹後市民局前」下車、徒歩10分。車で宮津与謝道路与謝天橋立ＩＣから40分

京丹後市内から発掘された考古資料を中心に、縄文〜中世の時代ごとに石器・土器・玉類などを展示。赤坂今井墳墓から出土した頭飾りは必見。全長１９０メートルの前方後円墳神明山古墳に隣接。

与謝野町立　古墳公園はにわ資料館

・与謝野町字明石２３４１
・電話　０７７２（４３）１９９２
・開館時間　９：00〜17：00
・休館日　３〜11月は月曜（祝休日の場合は翌日）、12〜２月は月・火曜（月曜が祝休日の場合は火・水曜日）、年末年始
・料金　一般３００円、小中学生１５０円
・交通　京都丹後鉄道「与謝野駅」下車、タクシー10分。車で、京都縦貫自動車道路与謝天橋立ＩＣから10分

日本海地域屈指の大型古墳の国史跡「蛭子山古墳」と国史跡「作山古墳」を復元整備した歴史公園。丹後王国の象徴ともいえる丹後型円筒埴輪に出会える。

遺跡には感動がある

――シリーズ「遺跡を学ぶ」刊行にあたって――

「遺跡には感動がある」。これが本企画のキーワードです。

あらためていうまでもなく、専門の研究者にとっては遺跡の発掘こそ考古学の基礎をなす基本的な手段です。また、はじめて考古学を学ぶ若い学生や一般の人びとにとって「遺跡は教室」です。

日本考古学では、もうかなり長期間にわたって、発掘・発見ブームが続いています。そして、毎年厖大な数の発掘調査報告書が、主として開発のための事前発掘を担当する埋蔵文化財行政機関や地方自治体などによって刊行されています。そこには専門研究者でさえ完全には把握できないほどの情報や記録が満ちあふれています。しかし、その遺跡の発掘によってどんな学問的成果が得られたのか、その遺跡やそこから出た文化財が古い時代の歴史を知るためにいかなる意義をもつのかなどといった点を、莫大な記述・記録の中から読みとることははなはだ困難です。ましてや、考古学に関心をもつ一般の社会人にとっては、刊行部数が少なく、数があっても高価なその報告書を手にすることすら、ほとんど困難といってよい状況です。

いま日本考古学は過多ともいえる資料と情報量の中で、考古学とはどんな学問か、また遺跡の発掘から何を求め、何を明らかにすべきかといった「哲学」と「指針」が必要な時期にいたっていると認識します。

本企画は「遺跡には感動がある」をキーワードとして、発掘の原点から考古学の本質を問い続ける試みとして、日本考古学が存続する限り、永く継続すべき企画と決意しています。いまや、考古学にすべての人びとの感動を引きつけることが、日本考古学の存立基盤を固めるために、欠かせない努力目標の一つです。必ずや研究者のみならず、多くの市民の共感をいただけるものと信じて疑いません。

二〇〇四年一月

戸沢充則

著者紹介

肥後弘幸（ひご・ひろゆき）

1962年大阪府生まれ。

大阪市立大学法学部卒業。

1985年京都府教育委員会採用、（財）京都府埋蔵文化財調査研究センター、京都府教育庁文化財保護課、京都府立山城郷土資料館に勤務。

現在　公益財団法人京都府埋蔵文化財調査研究センター総務課長。

主な著作（いずれも共著）

近畿弥生の会編『墓制から弥生社会を考える』（六一書房）、『宮津市史』通史編上巻、京丹後市史本文編『図説京丹後市の歴史』、広瀬和雄編『季刊考古学別冊10　丹後の弥生王墓と巨大古墳』（雄山閣）ほか。

写真所蔵（提供）
与謝野町教育委員会：図3・4・**6**・9～12・14・15・18・19・**21**・**22**・25～**27**・41・43・67（出合明撮影・大阪府立弥生文化博物館提供）／出雲市：図20／京都府立丹後郷土資料館：図30・54／（公財）京都府埋蔵文化財調査研究センター：図32（下：出合明撮影・大阪府立弥生文化博物館提供）・33（上）・35・38（下）・39・60・64・65／舞鶴市教育委員会：図**36**／京丹後市教育委員会：図44・46～48・50～53・56・61・62（右）・69・72～75（早川和子画）・78
図版出典（一部改変）
図1：国土地理院100万分の1日本図Ⅱ・20万分の1地勢図「宮津・京都及大阪・鳥取・姫路」／図2：国土地理院2万5000分の1地形図「宮津」／図5・7・8・16・17・23：白数真也・肥後弘幸ほか 2003／図28：瀬戸谷皓編 1989／図29：肥後弘幸 1992／図33（下）：河野一隆 1995／図34・37・38（上）：肥後弘幸 1989／図42：加藤晴彦ほか 2005・奥村清一郎ほか 1988／図45：今田昇一・肥後弘幸ほか 1998／図58：肥後弘幸 1994、竹原一彦 1996、今田昇一・肥後弘幸ほか 2001／図59：今田昇一・肥後弘幸ほか 2001／図62（左）：横島勝則・丸山次郎 2001／図63：竹原一彦・河野一隆 1998／図66：石崎善久ほか 1995／図68：岡田晃治・肥後弘幸ほか 1987／図70：岡林峰夫・石崎善久ほか 2004

上記以外は著者（写真番号の太字は著者撮影）

シリーズ「遺跡を学ぶ」108

北近畿の弥生王墓・大《おお》風《ぶ》呂《ろ》南《みなみ》墳《ふん》墓《ぼ》

2016年 3月15日　第1版第1刷発行

著　者＝肥後弘幸

発行者＝株式会社 新 泉 社
東京都文京区本郷2－5－12
TEL 03（3815）1662／FAX 03（3815）1422
印刷／三秀舎　製本／榎本製本

ISBN978－4－7877－1538－8　C1021

シリーズ「遺跡を学ぶ」

第1ステージ（各1500円＋税）